Max Weber

国家"十一五"出版规划重点图书

西方著名法哲学家丛书〔第二辑〕

吕世伦　徐爱国 主编

埃利希：
无主权的制序

刘坤轮◎著

黑龙江大学出版社
HEILONGJIANG UNIVERSITY PRESS

图书在版编目(CIP)数据

埃利希:无主权的制序 / 刘坤轮著. -- 哈尔滨 :黑龙江
大学出版社, 2010.6 (2021.8重印)

(西方著名法哲学家丛书 / 吕世伦,徐爱国主编. 第2辑)
ISBN 978 - 7 - 81129 - 279 - 4

Ⅰ. ①埃… Ⅱ. ①刘… Ⅲ. ①埃利希,E. (1862~1922) -
社会法学 - 研究　Ⅳ. ①D90 - 052

中国版本图书馆 CIP 数据核字(2010)第 091011 号

书　　　名	埃利希:无主权的制序	
著作责任者	刘坤轮	
出　版　人	李小娟	
责 任 编 辑	孟庆吉　国胜铁	
出 版 发 行	黑龙江大学出版社(哈尔滨市学府路74号　150080)	
网　　　址	http://www.hljupress.com	
电 子 信 箱	hljupress@163.com	
电　　　话	(0451)86608666	
经　　　销	新华书店	
印　　　刷	三河市春园印刷有限公司	
开　　　本	880 mm×1230 mm　1/32	
印　　　张	7.125	
字　　　数	150 千	
版　　　次	2010 年 7 月第 1 版　2022 年 1 月第 2 次 印刷	
书　　　号	ISBN 978 - 7 - 81129 - 279 - 4	
定　　　价	38.00 元	

总　序

　　人类的法律文化或法律文明，可以区分为法律制度和法律思想两大载体。法律是硬结构，法律思想是软结构。历史地看，它们共生并相互渗透和依存。比较而言，法律制度通常趋向于稳定和迟滞，而法律思想则显得敏锐和活泼。由于此缘故，一个时代的法律文化变迁，总不免表现为法律思想为先导，法律制度随之产生或变革。

　　中国为古老文明的大国，原本有自己独到的法律传统，也有自己的法律思维范式。临到清末，在西方列强的入侵和文化的冲击下，中国法律文化传统出现断裂，开始发生历史性的转型。早些时候，中国人学习日本，而日本的法律又来自于西方的德国。晚些时候又学习前苏联的法律，中国法律传统又增添了社会主义法律的色彩。这样一来，我们现今的法律同时是中国传统法律、西方自由主义法律和社会主义法律的混合体。反过来也可以说，我们的法律既欠缺中国传统，也欠缺东洋（日本）和西洋（欧美）的法律传统。法律职业者们所学和所用的是西方的法典，而要解决的则是中国社会本身的问题。

　　不可否认，近代以来的西方法律是摆脱人身依附关系及倡导民主与法治的先行者。因此，对它不应当亦不可能漠然对待，更不能简单地予以排斥。不过，在东西方有重大差异的法域，法律职业者生搬硬套西方的法律理念处理中国的问题，就意味着粗暴地对待了中国的社会。另一方面,当法律职业者们这样做的时候,又没有真正弄懂西方法律制度得以建立的法律理论,这又粗暴地对待了西方法律。中国学习西方法律已是历经百余年的不争事实。现今,法律制度的趋同化与各民族法律个性的减弱,是法律发展的一般模式。面对此种时代的大趋势,我们要做的不仅仅是要建立现代的法律体系,更重要和更深层次的在于弄清作为西方法律制度底蕴的法律思想。换言之,法律的研究和运用,只停留在法律制度的建立及相关资料的整理和解释上是远远不够的,而应该是法律规范与法律精神的统一。善于从法律制度中寻找法律的精神,从法哲学的抽象中探取法律实践所隐含的意义,才是中国法律职业者的共同任务。

从中西法律制度借鉴的角度看,我们更多地移植了西方的法律制度,而对西方法律精神则关注不足,主要表现在没有把握到西方法律的精髓。只有法律制度的引进,没有法律思想的参详,如同只有计算机的硬壳而无计算机的软件;没有法律的思想而实施法律的制度,那么法治的运行便成为无从谈起的问题。理解、消化和应用西方法律制度中所包含的法律理论,是我们继续和深化法律现代制度的紧迫任务。正是基于这样的考虑,我们决定编写一套西方法哲学家的学术传记丛书。

西方法律思想存在于西方法哲学家的脑子里,表现在他们各具特色的个人生活之中,物化于他们的法律著作之内。每个法哲学家的思想各不相同,但是同一时代的一批法学家则代表了那个时代的法律思想文明。同样,每个时代法学家的思想也各不相同,存在着主流与非主流甚至逆流的思想观点的交叉与对立。几千年西方法律思想家的理论传承,构成了西方法律思想史的全景。基于这样的认识,本套丛书的着眼点是法学家个体。通过每个法学家独特的经历、独特的思考和独特的理论,我们能够把握西方法律传统的精神和品质。

今天,我们正在建立和完善中国特色社会主义的法律体系。这首先就要求有充实而有效的中国特色社会主义法律理念。中国特色社会主义法律理念要在马克思主义法律观的指导下,广泛借鉴古今中外的法律精神遗产,尤其要"立足中国,借鉴西方"才能达成。

是为序。

吕世伦　徐爱国
2008 年 12 月

目　录

第一章　尤根·埃利希的影子

第一节　新法律现实主义与尤根·埃利希

一、新法律现实主义的兴起

一直以来,笔者对法社会学思想的脉络都十分关注,尤其是欧洲法社会学那种带着经典气息的法社会学思想,那些飘逝而去的大师的思想漂越大西洋,经过新大陆充满创造性民族的诠释,再穿越太平洋而到达刚刚经受了百余年现代化洗礼的古老的民族,传阅之间,有多少被遗忘? 有多少失去了原貌? 有多少再次为适应炎黄热土之需,而再次入乡随俗? 这些疑问的求解一直缠绕着我茫然的求学路,而所能为的,也只是尽力地去翻阅对于自己而言最原初的东西,进行历史纵向的比较,进行时代横向的比较,进行经纬同时交错的比较,而所有这一切都要从某一个人的思想开始,一个接着一个地梳理。

我选择了埃利希!

选择埃利希的原因是:太平洋对面的那个被标榜最民主、最法治的国家出现了法社会研究的一个新走向,那就是麦考利先生带头而起的"新法律现实主义"! 这一研究取向已经引起了国内的一定关注①。

学者指出,新法律现实主义"以否定之否定的姿态亮相"②,是否如此? 在访问了新法律现实主义的网站③,拜读了麦考利教授的那篇宣言性论文④,并结合各家关于法律社会学以及20世纪现实主义法学思潮的研究,我以为是十分中肯的⑤,只不过,这一判断的对比对象是美国先前的法律现实主义,也就是采取精英立场,司法中心主义的、旧有的、以卢埃林等人为代表的法律现实主义。而对于美国之外的法律现实主义的思想渊源,尤其是埃利希、卢曼等人的法律社会学思想,则又当从方法论的继承方面来进行探讨。

新法律现实主义认为,法律现实主义本质上并不是一个阵营绝对清晰的法学家团体,而是一种主张将社会科学方法引入法学的基本立场或方法,而新法律现实主义则希望建立一种上下贯通(bottom-to-up)的,整体上理解法律潜力及其问题的整合

---

① 2006 年,中国人民大学法学院范愉教授在《中国法学》上发表了《新法律现实主义的勃兴与当代中国法学反思》一文,对新老现实主义法学之间的体系传承和差异进行了总结。该文指出,新法律现实主义在方法上强调了与其他社会科学的整合,体现之一,即理念上统合了埃利希的"活法"和庞德"行动中的法"的概念。范愉:在《新法律现实主义的勃兴与当代中国法学反思》,《中国法学》2006 年第 4 期,第 38 ~ 51 页。

② 范愉:《新法律现实主义的勃兴与当代中国法学反思》,载《中国法学》2006 年第4 期。

③ http://www. newlegalrealism. org.

④ [美]斯图尔特·麦考利:《新老现实主义:"今非昔比"》,范愉译,载《政法论坛》2006 年第 4 期。

⑤ 范愉:《新法律现实主义的勃兴与当代中国法学反思》,载《中国法学》2006 年第 4 期。

性范式①。也就是试图统合"活法"和"行动中的法"的新的研究范式。但是,这一判断,尽管是英语世界的判断,但也是令人怀疑的,因为在笔者看来,埃利希的"活法"论与庞德的"行动中的法"是完全不同的两个概念,统合的可能性几乎没有。与庞德"行动中的法"相对应的是"书本上的法",而"从'书本上的法'走向'行动中的法'"②构成了"新法律现实主义"的标志。但是,对于埃利希而言,"活法"并不意味着与任何概念(如官方法)构成逻辑上的二元对立(dualism),也就是说,埃利希活法论的研究进路较之现实主义者,尤其是欧美现实主义者而言,比之他们理解的要激进得多。从一定意义上而言,欧美现实主义,包括美国新法律现实主义在内,对于埃利希法社会思想的重视并没有很好地体现出来。而事实上,今非昔比的(things aren't what they used to be)对照理论不过是法律文化与法律意识的美式理念之产物,对于欧洲而言,尤其是对于欧洲的法社会学研究而言,新法律现实主义所主张回归的社会本位早在上个世纪之初即由埃利希提了出来③。对于此,正如聂尔金(Nelkin)教授对麦考利教授所作的有关商人间非合同关系的研究所作评价后指出的那样,可争论之处是,麦考利教授的调研如果不是从"书本上的"合同法在实践中是如何被改变开始,而是着力于解释实际支配企业生活的这类规范的真实作用,或许会取得更大的成就。除了揭示商业生活的迫切需求如何影响了合

---

① 范愉:《新法律现实主义的勃兴与当代中国法学反思》,载《中国法学》2006年第4期。

② http://www.newlegalrealism.org.

③ [奥]尤根·埃利希:《法律社会学基本原理(Fundamental Principles of the Sociology of Law)》,九州出版社2007年版。

同法,在研究中,如果使用埃利希的理念,将会探寻特定商业生活规范的起源、延续,包括埃利希所指出的被人们所忽视的因素,如声誉和企业自律与商业(行业)组织等。"①在他看来,现代法律多元论和"准自治社会领域"的研究正是将埃利希的理念作为根本性的出发点,而埃利希的研究推动我们去思考通过正式的法律制度进行社会干预的有限性②。

对于聂尔金教授的判断,笔者是深以为然的,考虑到埃利希所生活的动荡的社会背景以及因其特殊的犹太天主教浸礼会后裔身份,对于和平的渴望以及对下层社会的关注,埃利希所形成的法学思想是一种"实践导向"的,与英美的法社会学思想并不一致,甚至可以说是远远激进于英美精英主义主导下所形成的法律中心主义或司法中心主义的自上而下(up-bottom)的传统法律社会学思想。并且,可以判断的是,当前关于埃利希法社会学思想的研究中,尤其是关注其"自由法"思想和"活法"思想的研究中,无论是英文文献的研究,还是中文文献的研究,都存在着出于研究者研究目的之考虑而有意或无意曲解的现象③。仔细说来,无论是欧美式的曲解,还是中国式的曲解,

---

① David Nelkin, *Law in Action or Living Law? Back to the Beginning Sociology of Law*, 4 LEGAL STUD. 157 (1984). 转引自[美]斯图尔特・麦考利:《新老现实主义:"今非昔比"》,范愉译,载《政法论坛》2006 年第 4 期。

② [美]斯图尔特・麦考利:《新老现实主义:"今非昔比"》,范愉译,载《政法论坛》2006 年第 4 期。

③ 当然,这一判断是建立在对埃利希思想的集大成作品,即《法律社会学基本原理》英文版的阅读以及诸多中文文献和可收集到的英文文献阅读的基础上。需要说明的是,一些学者的看法与我对埃利希思想的解读存在相似之处,如 Marc Hertogh, " A 'European' Conception of Legal Consciousness: Rediscovering Eugen Ehrlich", (2004) 31. *Journal of Law and Society*. 457–481. 又如 *K Alex Ziegert, A Note on Eugen Ehrlich and the Production of Legal Knowledge*, (1998) 20. Sydney Law Review. 108–126.

基本都延续着将埃利希推向世界的庞德先生的二元进路。而事实上,埃利希所使用"活法"概念并没有任何二元论的方法意义,它仅仅是用以解释社会规则的概念系统的起点。也就是说,埃利希所使用的"活法"仅仅是指具体规范社会组织具体运作,以及其成员具体行为所实际遵守的那些并不在制定法(statute)或判例中反映出来,并不体现在"在那儿(is there)"的硬邦邦的规则(rule)中的做法(usages)①。

当然,新法律现实主义旨在创立一种新的研究范式,而这种研究范式在经典法社会学那里并没有体现为一种积极主动的潮流与意识。因而,对于活法论的研究进路而言,它并不完全符合新法律现实主义所追求的方法论意义上的目标。但是,值新法律现实主义的勃兴之际,我们也应当时刻提醒自己,不要轻易忘记了前人所经教授给我们的那些知识和方法。而对于这些知识和方法的重新衡量,在一定程度上不仅仅对一个法学流派有着重要意义,而且对于成系统的社会现实之改造都有着借鉴意义。

因而,新法律现实主义勃兴之潮给了一次进一步深化梳理上个世纪之初法社会学初生时的思想家的思想魅力的理由,使我们进一步为澄清其真实思想而作出进一步的考究。

二、印着"自由法"符号的埃利希

新法律现实主义的兴起为尤根·埃利希思想的研究提供了

---

① [奥]尤根·埃利希:《法律社会学基本原理(Fundamental Principles of the Sociology of Law)》,九州出版社 2007 年版。本观点根据该书内容整合而成。

一个重要的阐释契机,这实际上解决了做人物的一个重要的可能性问题。而如果要将西方法学思想史上璀璨如繁星般的巨星思想都一一研究起来,除不可能外,也是很不必要的。国内大量关于西方人物法律思想的解读论著早已到了汗牛充栋的程度,因而,要梳理西方法学流派中某个具体人物的思想,除找到恰当的突破口之外,还需要论证梳理的价值,也就是看一看有无再进行梳理的必要了。笔者根据所收集的国内研究文献,将埃利希的法哲学思想的研究概括为以下几个特点。

1."自由法学"代表。关于埃利希法哲学思想的中文文献中大多冠以"自由法学"之名,这一名称俨然成为诸多研究文献的一大特征。并在此之名下,衍生出埃利希之法社会学理论主张"法官根据正义原则自由创造法律,在司法过程中不受立法的约束,而由法官自由地作出判决和决定"。而根据笔者对埃利希法哲学思想的考察,这一判断之源头应该来自埃利希自己所参加的批判法律人运动(the movement of critical lawyers),也即在常被提到的"freirechtsschule"上,而这个词的英文词义是"free, that is non-doctrinal, findings for legal decision-making"①,即法律裁决的自由(非教条)发现。这即为埃利希所一贯主张的创造性认知法律的进路。但是,这种主张本身较之现代文献所归功于他的思想是并不相同的。事实上,从某种意义上而言,冠埃利希以"自由法学"之名在很大程度上混同了之后斯堪的纳维亚以及美国现实主义法学的法哲学思想。英美法学的

---

① K Alex Ziegert, *A Note on Eugen Ehrlich and the Production of Legal Knowledge*, (1998) 20. Sydney Law Review.

顽固传统使得埃利希激进的法社会学思想在其国土之上发生变形,而衍生成为一种自上而下的"行动中的法"模式,这种司法或法律中心主义的法哲学思想往往被视为与埃利希的法社会学思想一脉相承,并进而走进中国学者对埃利希法社会学研究视野,成为"书上的"、本土化了的埃利希法社会学思想。

2."活法论"思想。前文所指出,埃利希自由法思想遭遇了"本土误解"的命运,与之相似,埃利希活法论虽然在符号化了的名称上是正确的,但在具体的理解和内容梳理上,依然存在着本土化了的研究特色。也就是说,在中文文献的研究中,"活法"很容易使人们联想到一种二元论研究方式。既然如此,那就必然存在着一种与之相对的"成文法",或制定法,或正式法等僵化的"死法"与之呼应。并由此二元对立的逻辑,结合埃利希关于法律起源的论述和关于法社会学方法的小文进行自我推理,进而得出诸如"行为规则"和"裁判规则"等埃利希法社会思想中二元对立(dualism)。实际上,在埃利希思想的集中体现之作,即《法律社会学基本原理》开篇之中,埃利希即提出了自己法社会中的核心观念,即将法律与社会运行或社会实践联系起来理解的实用法概念,而不是结合法律命题或法律教条来理解法律概念。对埃利希而言,在阐释自己的法社会学思想之时,他仍然是从一个概念出发,这个概念就是法的实践概念,它构成了埃利希法社会学思想的根基,因此,埃里希笔墨颇浓地对它进行了逻辑建构。举例而言,法社会学研究存在诸多进路,尤其是以二元进路居多,如庞德的书本上的法和行动中的法的进路,以及政府的法和非政府的法的进路,这些二元论研究范式构成了研究者分析问题的基本出发点。而埃利希的法社会学思想中并不存在这种进路,对他而言,与其建立一种二元对立范式,倒不如走得更远,完全建立一种开放的研究进路,也即法的实用概念研究进路,也即将法律视为一种并不特殊的社会规范,与其他社会规范的构成材质一样。这较之严格因循先例的英美法而言,要激进得多,而国内文献对此并没有过多提及。

国内关于埃利希法社会学思想的研究文献基本上都是在这两大要点上展开论述的,诚然,法的自由发现和活法论也的确构成了埃利希法社会学思想的根本之处。但国内文献对其具体的阐述却存在着一些如上所言的偏差,因而,对埃利希法社会思想的梳理,在新法律现实主义兴起的契机之下,也就具备了澄清的必要性,这就构成了笔者完成埃利希法哲学思想梳理的动力。

三、尤根·埃利希核心思想概述

新法律现实主义特征之一在于:方法论上承接了埃利希以来的法社会学诸多名家研究进路,力图整合出一套整体性的上下贯通的研究进路。而笔者看来,尤根·埃利希在上个世纪之初即开始了这种努力。对于这一点,聂尔金教授的判断和 Marc Hertogh 教授的判断在一定程度上概括了埃利希法社会学的特征。用聂尔金教授的话而言,现代法律多元论和"准自治社会领域"的研究正是将埃利希的理念作为根本性的出发点,而这个出发点则是 Marc Hertogh 教授所言的法律意识(legal consciousness)欧式特征。细而言之,以庞德为代表的美式法社会学研究之关注点往往是"人们如何体验(正式的)法律?〔how do people experience（official）law①］"。而在以埃利希为代表的欧式法社会研究那里,这个出发点则变成了"人们将什么体验当做法律?（what do people experience as'law'）"②。而这里所概括的特征"什么（what）"恰是法律多元论的起点,也构成了埃利希法社会学思想的一个基本特征,也即实践（practical）导向很强的特征。这一特征,构成了埃利希法社会学思想体系的基本出发点。在此理念指导下,埃利希将法律和社会实践联系起来,这种法律定义和传统上将法律概念与法律命题或法律教义的文本联系起来的做法分道扬镳。而这种出发点之伟大价值直到今日依然被低估。

以上述定义为出发点,埃利希法社会学思想中核心之处表现为以下几个重要的观点。这里首先将这些观点排列出来,然后将在以后的各个章节中严格按照埃利希的原初论述而分别展开阐述:

●规范（norms）都是社会属性的。因社会关系之故,到处都是规范,它在人类实践的所有领域都以同样的方式运作。而法律规范（legal norms）不过是其中的一种,并不构成更高层级别的社会规范。

●社会控制的工具意义和力量取决于社会组织个体成员之间的制度联合和安排,法律不过是这种内部秩序的正式表述。

---

① Marc Hertogh, "A 'European' Conception of Legal Consciousness : Rediscovering Eugen Ehrlich", (2004) 31. *Journal of Law and Society*. 457 – 481.

② 庞德教授的介绍忽略了当时的历史背景,指出埃利希出生于罗马尼亚(而现在此地属于乌克兰)。对此种历史背景的忽视,可能是造成庞德曲解埃利希法社会学思想的重要原因。Roscoe Pound, *An Appreciation of Eugen Ehrlich*, (1922). 36. Harvard Law Review. 129 – 130.

●法律的工具意义取决于它使组织运作的表述方式,即法律可使日日正常更迭。法律是"和平"而非战争的秩序。

●组织的规范秩序(normative order)并非神秘的集体意志,也不是指组织成员之间的盲目一致。它是一种结构,这种结构的工具性可使组织自己解决其各个层面出现的各种问题,即便是内部有冲突之时,也能够如此。

●法律如何产生的问题可在法律作为社会规范的层面上进行理解,也就是说,经过裁判规范过渡,法律的最初产生可从早期的社会组织内部秩序中找到依靠。

●法律(legal)裁决(decision-making)或法律(legal)实践是一种对规范性(normative)裁决的社会回应,也即埃利希所称的法律工作。法律裁决在此并无较之其他规范性裁决更优的地位或更强的力量。

●能够实现规范执行(norm-enforcement)和规范性(normative)创新之间精妙平衡的法律裁决模式是"明智法官"的模式。

●从历史上判断,规范性创新(normative invention)之艰涩工作不过是法律工作之繁琐日常性的极为例外之处。而法律工作者通过职业团体的垄断为这种工作披上了神秘艰涩的面纱,为本职业团体的经济成功和剥脱平庸之辈的准入权创造了合法性。

●从法律形式化的历史演化进程来看,如果要回答如何建构法律的统一性这一问题,那么,法律就不应被理解为一种文本(texts)或话语(discourse)系统,而应该将其理解为通过自我建构的社会运行过程而生产与再生产其统一性的系统。在这个过程中,社会运行再塑了社会的内部秩序,这种秩序成为一种合法秩序。

●区分了法律教义（legal doctrine）和法律科学（legal science），作为法的科学的法理学具有将法律实践从法律命题的纯理论束缚中解放出来的使命，而代法律命题以社会语境下的科学观察，并以此建构法律实践。

● 关于法社会学的研究方法问题。埃利希主张，无论是法律史之于法社会学之意义，还是"活法"研究之于法社会学研究之意义，在方法论上，最为本质的即是对在每个人面前的、普通日常生活进行简单、非正式的观察。法律社会学，从方法论上而言，是一门观察的学问。

……

以上若干条目的概括可能只是埃利希法社会学思想的些许反映，而要对埃利希法社会学思想进行全面概括的话，则需要更为体系化和细致的解释，但是，这些概括以及之前所描述的情形可以清楚地反映出 20 世纪自庞德以来的法社会学思想一直到当下为止诸多学者对埃利希法社会学思想认识的偏颇之处。当发现这些认识偏颇后，从自己的视角阐释这位经典法社会学家的法哲学思想就成了可行且必要之事，因而也便有了此书。

第二节　埃利希生平及著述

一、埃利希生平

尤根·埃利希的名字总是与上个世纪之交的法学流派联系

在一起，作为欧洲法社会学的代表性人物，虽然其思想可能存在着被误解的嫌疑，但作为一个标志性人物，他还是被认为代表 20 世纪之初欧洲的法社会学研究，并因其对斯堪的纳维亚学派、美国法社会学和现实主义法学的影响而有所声名。因而，他的生平履历也就不是那么难以获取。

1862 年，尤根·埃利希出生于奥地利帝国布科维纳省（Bukowina）省会切尔诺维茨（Czernowitz）的一个犹太人家庭，这个犹太家庭信奉天主教浸礼会①，而此种身份也显然对埃利希的法社会学思想有着重大的影响。埃利希的父亲是一个律师，此种家庭背景为其学习法律以及探讨法的产生过程中重视法律人的作用有着一定的关联②。埃利希首先在切尔诺维茨学习法律，之后奔赴奥地利首都维也纳。1886 年，埃利希在维也纳大学获得了他的法学博士学位，这之

维也纳大学是奥地利历史最悠久的大学，也是德语区国家中最古老的大学之一，始建于 1365 年，尤根·埃利希曾经就读于此。

---

①　当然，也有一些研究者注意到了这一点。恩格尔（Engel）和聂尔金教授都试图唤起人们对早期欧洲法社会学思想的重视。但迄今为止，这些呼吁并没有得到充分的重视。D. Engel, "How Does Law Matter in the Constitution of Legal Consciousness"? in How Does Law Matter?, eds. B. Garth and A. Sarat, (1998) 109, 139. 以及 David Nelkin, *Law in Action or Living Law*。

②　K Alex Ziegert, *A Note on Eugen Ehrlich and the Production of Legal Knowledge*, (1998) 20. Sydney Law Review.

后,直到 1894 年,埃利希究竟在从事何种工作,我找遍了所能及的文献都无所得,但从他日后的职业生涯和在著作中所体现的思想大概可以推知,1886 年到 1894 年,埃利希可能在从事职业律师工作,并在这段工作过程中游历了欧洲各国,悠游于职业属性所必然经历的与各种法律人的交往,并为以后的研究工作提供了良好的实践素材,以及前期的一些文件准备工作。

　　1894 年,埃利希在维也纳大学开始了他的教职生涯。在这里,他主讲罗马法,对罗马法的熟知是其法哲学思想的一个基点,他的法学的实践概念,社会联合体的概念,社会联合体的内部秩序等概念一定程度上都是由罗马法的历史演化过程以及对前罗马法时代的社会秩序的假设推演而来。同时,由于罗马法复兴的工作分别由前期注释法学派和后期注释法学派,以及后来的历史法学派(也分化为两派:萨维尼为代表的民族精神派和以普赫塔为代表的民间习俗派)完成,因而,尤根·埃利希对这些人的研究工作、学术思想,以及所采用的研究方法也就至为熟悉。笔者发现,罗马法研究的趋势从注释法学派到萨维尼纯粹的历史法学派,再到普赫塔民间习俗的寻找之演进史对埃利希法社会学研究所采用的方法有着直接影响。实际上,埃利希最终所采取的法哲学观念就是从社会本身去寻找法律,但与普赫塔不同的是,埃利希并没有试图将这些来自底层社会的规则习俗争取获得官方的认可,也就是没有正式化的任何意图,而只是描述它,正视它,而这种观点和态度,恰恰是当今法律多元论的基点。这也正是埃利希对历史法学派从方法到法哲学思想上的重大超越,这一点,是当今中外埃利希法哲学思想研究者所有意或无意忽视掉了的①。

1897 年,埃利希回到了切尔诺维茨,成为切尔诺维茨大学的教授,依然教授罗马法。关于埃利希从维也纳大学回到切尔诺维茨大学的时间,在学界也存在诸多不同的认识,如关于这一年份,诸多文献记载都存在冲突,如何勤华先生认为 1896年,埃利希在维也纳大学担任员外教授(?),而于 1897 年回到切尔诺维茨大学担任教授②。这与庞德所确定的埃利希担任切尔诺维茨大学教授的时间(1897 年)相符③。但是,托马斯·莱塞尔则认为埃利希于 1896 年起就开始在切尔诺维茨大学担任教授,直到 1922 年④。而 K Alex Ziegert 则在文中指出,1896 年埃利希被切尔诺维茨大学任命担任罗马法教席⑤。由于找不到原始文献,我无法确定埃利希何究竟时从维也纳大学回到了切尔诺维茨大学,好在,这并不会影响我对埃利希法哲学思想的概括。

但同样存疑的是第一次世界大战之后,埃利希的所在。多数文献认为,埃利希自 1897 年之后就一直在切尔诺维茨大学,

---

① Back to the Beginning Sociology of Law , 4 LEGAL STUD. 157 (1984). 转引自[美]斯图尔特·麦考利:《新老现实主义:"今非昔比"》,范愉译,载《政法论坛》2006 年第 4 期。

② 何勤华:《埃利希和现代法社会学的诞生》,载《现代法学》1996 年第 3 期,第 110 页。

③ Roscoe Pound, An *Appreciation of Eugen Ehrlich*, (1922). 36. Harvard Law Review. 129.

④ [德]托马斯·莱塞尔:《法社会学导论》,高旭军等译,上海人民出版社2008 年版,第 69 页。

⑤ K Alex Ziegert, A *Note on Eugen Ehrlich and the Production of Legal Knowledge*, (1998) 20. Sydney Law Review.

直至他于 1922 年①死于肺结核。但也有少量的文献表明，这一点同样是存疑的。如何勤华先生在《20 世纪日本法学》一书中提到 1920 年日本的末弘严太郎和高柳贤三在瑞士和"逃亡"中的埃利希见面并约稿，而埃利希的《成文法与"活法"》和《法律社会学》则因而得以相继在《法学协会杂志》上发表。这一观点尽管和何先生之前的论文冲突②，但还是为一些埃利希法哲学思想的研究者所注意，并据此推论，埃利希在第一次世界大战爆发后移居瑞士伯尔尼，也因之有了与日本法学家在瑞士的会面③。对于此，我仍然无法找到恰当的发现来证明，但何勤华先生所指的 20 世纪日本法学，埃利希在瑞士与日本法学家见面的事情应是有的，而对于是否迁居到瑞士伯尔尼，何勤华先生并没有这样说过，而只是散见于一些对此并未标明出自何处的文献之中④。

　　埃利希终身未娶，终其一生耕耘于学术研究，他 60 年并不平和的生涯恰如其自传中所言，"我的全部精力几乎都用于耕耘处女地，常常必须自觉用斧头自荆棘中开辟一条道路……为了全面掌握研究材料，我就必须学会几乎所有欧洲语言并长途游历"⑤。以下几个年份则反映出埃利希一生之中最为重要的

---

①　何勤华：《20 世纪日本法学》，中国政法大学出版社 2004 年版，第 14 页。

②　何勤华：《埃利希和现代法社会学的诞生》，载《现代法学》1996 年第 3 期，第 110 页。

③　参见尹宇蜜：《埃利希活法论研究》，湘潭大学法学院法理学 2006 届硕士研究生毕业论文。

④　例如尹宇蜜：《埃利希活法论研究》，湘潭大学法学院法理学 2006 届硕士研究生毕业论文；另程琥，《历史法学》，法律出版社 2005 年版，第 67 页。

⑤　Ehrlich, Gesetz Und Lebendes Recht, 192. 转引自［德］托马斯·莱塞尔：《法社会学导论》，高旭军等译，上海人民出版社 2008 年版，第 70 页。

坐标轨迹:

1888 年,写就《关于法的漏洞》;

1893 年,写就《沉默的意思表示》;

1903 年,写就《自由法的发现和自由法学》(*Freie Rechtsfindung und freie Rechtswissenschaft*)①;

1906 年,担任切尔诺维茨大学校长;

1909 年,写就《权利能力》;

1910 年,成立活法协会(研究会);

1910 年,参加" freirechtsschule "[法律裁决的自由(非教条)发现]运动;

1912 年,参加第 31 届德国法律人协会年会,提交关于在法学教育中贯彻跨学科方法的观点;

1913 年,完成《法律社会学基本原理》;

1919 年,写就《法学逻辑》。

以上年份印证了尤根·埃利希简单而伟大的学术生命历程,而在这个学术生命历程背后,是他所生存的动荡不安的社会,这种动荡不安不仅影响着埃利希法哲学思想,并给以他精神与肉体的双重折磨。二战结束之后,切尔诺维茨大学归属罗马尼亚,在尤根·埃利希最后的生命岁月中,他不得不挣扎于使用罗马尼亚的语言和文字教书与写作。并且,由于他曾经支持德意志精英以及他们的法律而遭受迫害。二战后的短短时间内,一代学术巨人也随着奥匈帝国的衰落而陨落了。

---

① 将这里的德文标出与前文章节呼应,虽然我不懂法律,但对法源理论的法的德语还是知道的,而根据英文关于 Freie Rechts 的解释,足以表明,自由法的解读是存有问题的。

二、个人时代背景

尽列了埃利希生平所著之后,以这些文献为蓝本,从中解读出埃利希的法哲学思想当然是最为便捷的方法了。但是,如果仅仅这样,那么就陷入了一个研究上的逻辑悖论,也就不可能真正了解埃利希法哲学思想的精髓。因为,在埃利希看来,其法哲学的思想之源在于正确方法的应用,其中一个重要的方法则是在特定的社会语境下探讨规范的形成,也就是法律史学的方法之于法学的重要意义。由此方法推演到现代法学,就回到了法律赖以运作的当代社会现实本身,从而为活法的研究提供了方法上的过渡。因而,从方法论的延续来看,无论是运用法律史的研究,还是活法的研究,对于埃利希而言,都是要回到特定的社会之中的,只不过是这个社会的时代不同而已①。因而,要以埃利希的方法为进路,这里就需要先对埃利希所生活的社会进行回放。为什么埃利希会提出在当时"主流"②法学界所不能接受的"法"概念呢? 要回答这个问题,就不能不回到埃利希所生活的那个时代,回到他所生活的那个布科维纳省的切尔诺维茨。

埃利希所生活的时代,是欧洲社会、文化和政治急剧变迁的时代,他一生的境遇和思想变化折射了这一过程,并预示了

---

① [奥]尤根·埃利希:《法律社会学基本原理(Fundamental Principles of the Sociology of Law)》,九州出版社 2007 年版,第 1034 ~ 1105 页。

② 这个主流是从世界法哲学史的角度来判断的,也即当时而言,德、法为代表的法哲学思想占据着主流地位,而这个主流地位当然与其特定的历史情境紧密相关,对于埃利希而言,其法社会学思想受到所在国家和身份的影响程度也同样明显。

这个日益衰落的帝国边缘省份的所将深陷其内的剧烈的政治变迁。奥地利帝国是一个多民族杂居的帝国,埃利希所生活的布科维纳省是奥地利帝国形象的一个缩影,哈布斯王朝的封建统治也曾经在梅特涅的外交斡旋之下身居大国地位,但 1866 年普奥战争的失败,使奥地利帝国跨台,转向巴尔干地区发展,并与取得自治后的匈牙利联合成立奥匈帝国,1867 年,奥地利帝国的历史最终画上句号。而之后的动荡层叠不穷,对于埃利希所生活的布科维纳省而言,尤其如此。从这个省的省会历史归属的变化中,我们也可以窥见埃利希生活情境动荡之一斑,切尔诺维茨曾归属奥地利帝国,之后归属罗马尼亚,现在归属乌克兰①。

埃利希曾对布科维纳省存在的"部落式生活"进行描述,"亚美尼亚人、德国人、吉普赛犹太人、匈牙利人、罗马尼亚人、俄国人、鲁塞尼亚②人和斯洛伐克人拥挤着生活在行将崩溃的奥地利帝国政治之伞的庇护之下"。这种多元民族的历史语境以及挣扎于边缘的不安定的政治境遇对埃利希的法哲学思想显然具有重大的影响,尤其是对他从维也纳那充满浪漫气息的都市回到这现世的不安与苦闷之后的思想。1919 年,随着第一次世界大战的爆发。奥匈帝国时代最终结束,而布科维纳省则如大多数东北欧地区一样,经受着同样的政治命运,被在战争中获取胜利的强权者大笔一勾,划归新的国家,罗马尼亚。政治嬗变所带来的多民族粗暴的归属以及争议重重的边界,使得

---

① K Alex Ziegert, *A Note on Eugen Ehrlich and the Production of Legal Knowledge*, (1998) 20. Sydney Law Review.

② 鲁塞尼亚为乌克兰西部地区。

这个本就矛盾重重的地区矛盾更加地凸现,各种宗教组织之间、各个民族之间,以及民族与宗教之间的紧张关系如此清晰地张显出来,但是,欧洲各大政治力量对此所能为的不过是进行掩盖,从来没有能力与勇气真正地解决这些矛盾和混乱。在这种矛盾重重的政治、文化层面下,"共同法(common law)"统一"民族法"的观念对于这个时空中的社会而言,是具有挑战性的,但却是生活于此时空的知识精英的内心渴望。

埃利希是犹太天主教浸礼会后裔,这种身份上的特征对于我们理解埃利希之所以对社会中所表面存在的那种文化身份背后的复杂而精细的结构构成具有敏锐视角具有重要意义。与许多已同化的犹太知识分子相同,埃利希在其所生活的社会空间中一直经受着思想的煎熬。对于这些已同化的犹太知识分子而言,这里存在着两种不同的意识形态,处于社会上层的人道主义价值观,处于社会底层的民族主义倾向,这两种文化特征同时归属于这个时空,而在忠诚于人道主义价值观和拒绝民族主义倾向饱受折磨的埃利希选择了避世的态度,即试图完全致力于严格的科学化研究,尽可能地远离价值判断,这种试图出世的态度使埃利希的研究取向最终转向法社会学,追求一种完全依赖于经验和观察的科学,这与埃利希同时代的法国社会学家艾米尔·杜尔凯姆的研究进路相近,虽然杜尔凯姆的理论并没有被埃利希在其著作中提起[1],但二者的研究确实有着极大的相近之处。

---

[1]　K Alex Ziegert, *A Note on Eugen Ehrilich and the Production of Legal Knowledge*, (1998) 20. Sydney Law Review.

三、个人知识背景

前文中,我们对埃利希的学习、教学和研究生涯作了一个简单的概括,并对他所处的特殊的时空背景进行了描述,这些背景决定了埃利希因之而生的法哲学思想可能与前世有所不同,一定程度上也决定了为什么埃利希是"第一次将法的定义社会化的理论尝试"的法学家①。但仅仅如此显然不能造就埃利希法社会学思想,对于埃利希而言,其职教经历以及其扎实的部门法知识背景,与所处的时空背景相结合共同造就了这位欧洲法社会学之父的思想。

1896 年,切尔诺维茨大学给予了埃利希首席罗马法教席职位,这一职位为他的法哲学思想之形成提供了有效的矛盾平台。那个时代是历史主义法学的时代,是罗马法学进行历史阐释的时代,萨维尼和普赫塔所采用的不同研究取向被埃利希融合进了他的研究进路之中。因为对历史法学研究方法的迷恋,以及对罗马法完美体系的熟知,埃利希驾轻就熟地将本用于罗马法研究的历史加法教义方法融合进他的观察之中,从一定意义上而言,融入进他类似法人类学研究中民族志方法的进路之中。在这些方法和思想的指引下,他观察着布科维纳的社会,观察着这个社会中所生活的那些各色各样的民族、宗教、旧有的、新生的组织,从而发现,这个他所生活着的多元文化空间所具备的法律秩序特征,如同古代那个多元文化背景下的罗马帝

---

① 张乃根:《西方法哲学史纲》,中国政法大学出版社 2002 年增补版,第295 页。

国一样,与教义中所声称它所具备的秩序特征完全不同,而是具备这一些法律教义所无法言表的秩序特征。教义中所教授的知识与现实中所运作之秩序之间的差异使埃利希沉醉其中,试图从法律教义出发解释这些差异,这种倾向也构成了埃利希早期作品的重要内容。也就是说,在埃利希的早期作品中,法社会学的研究模式并没有形成,基本还是法律教义学的传统论证模式,不过却透着一种对传统法律教义的怀疑与批判倾向,应该说,这种倾向在当今法社会学研究中日益重要,因为这种解释教义与社会之间距离的内容实际上是以庞德为开端的美国法社会学、新老现实主义法学的一个基本特征。

但随着埃利希日益喷薄而发的方法论意识的强化,他很快就发现,要有效地解释法律神话和现实实践的这种巨大差距,唯有更为彻底的法学方法变革。这种意识也与他所接触的同时代法律人所做的法律工作紧密相关。1910 年,他在一批南斯拉夫法律人经验研究的基础上成立了活法研究所。应该说,这批深入社会进行调研的南斯拉夫法律人所进行的工作对埃利希影响很大。尤其是波杰希克(V. Bogisic) 教授的工作,他遍访了克罗地亚当地居民,调查他们的习惯,以此为基础为克罗地亚制定了一部民法典①。周边学人的成果,自己所生活的各种规则体系交织的社会空间,埃利希对欧洲各国法律的熟悉,尤其是罗马法和英格兰法的熟知,使他能够以一种全新的方式来阐述法的理论,即当代所知的法社会学理论。

---

① K Alex Ziegert, *A Note on Eugen Ehrilich and the Production of Legal Knowledge*, (1998) 20. Sydney Law Review.

了解了这些背景,我们只是对埃利希法社会学思想的形成有了一个外围的认识,这种认识可能是十分模糊的,但任何理论在后来者的解释那里都是模糊的,正如埃利希的思想被斯堪的纳维亚学派、被法人类学派、被美国现实主义法学派所解读起来并不都是一样的。我们所要做的,恰恰就是要遵循埃利希的研究方法来解读埃利希的法社会学思想,这一节所探讨的主要是他的思想体系形成的外部条件,对于埃利希而言,这些条件决定了他思想的形成,但要完整地理解埃利希法哲学思想的体系,并找出一条主导线索,我们需要回到他那部集大成的作品,以及他写作这部作品时的内心渴望。这正如埃利希在研究法律事实时所主张,一个事实要成为法律事实,那么,它至少不是孤立的,而是深处于社会情境之中的①。

第三节 制序(ordering)②渴望之学

对于埃利希而言,他的法社会学走得很远,在一些学者看来,后时代的继承者远远没有埃利希法哲学理念更为激进,比如恩格尔,又比如 K Alex Ziegert 等人都如此认为,并实际地总结出了埃利希法社会学思想的若干经典之处。国内早期西方法社会学研究者对埃利希思想的研究则对此也进行了批评,指出埃利希法哲学是从一个极端走向另一个极端,忽视了法所应

---

① [奥]尤根·埃利希:《法律社会学基本原理(Fundamental Principles of the Sociology of Law)》,九州出版社 2007 年版,第 250~252 页。

② 取自英文版,这里应为动词之义。[奥]尤根·埃利希:《法律社会学基本原理(Fundamental Principles of the Sociology of Law)》,九州出版社 2007 年版。

当具备的国家强制力特征等①。因而,为了更好地体系化了解埃利希法社会学思想,我们首先看一下埃利希《法律社会学基本原理》的基本架构。

这本被诸多研究者称为集中体现了他的自由法学思想和法社会学思想的著作共有二十一章,前言之后各章节分别如下:第一章,法律的实践概念;第二章,社会团体的内部秩序;第三章,社会团体和社会规范;第四章,规范的社会制裁和国家制裁;第五章,法律事实;第六章,裁判规范;第七章,国家与法;第八章,法律命题的创制;第九章,法律命题的结构;第十章,持续变迁的正义内容;第十一章,罗马法学;第十二章,英格兰法学;第十三章,古老的欧陆共同法;第十四章,欧陆共同法法学的历史倾向;第十五章,法律的功能;第十六章,国家创制之法;第十七章,国家与社会中的法律变迁;第十八章,法学家法的法典化;第十九章,习惯法理论;第二十章,法律社会学的方法一:法律史和法学;第二十一章,法律社会学的方法二:活法的研究②。

这看似凌乱的二十一章中,其实贯穿着埃利希法哲学思想的一个基本人生轨迹,笔者称之为对制序(ordering)的渴望。事实上,埃利希个人生活时代的跌宕使得他在学术研究中充满了对现实中规则的依赖,而这种对规则的渴望显然不是传统的

---

① 当然,这种认识很可能与美国法哲学的世界强势直接相关,例如庞德的思想就被人认为是完善了埃利希法社会学思想,而实际上,庞德与埃利希的法哲学出发点完全不同。参加张乃根:《西方法哲学史纲》,中国政法大学出版社 2002 年增补版,第 295 页;李瑜青等:《法律社会学经典论著评述》,上海大学出版社 2006 年版,第 36 页。何勤华主编:《西方法律思想史》,上海大学出版社 2005 年版,第 252 页。

② 本目录根据[奥]尤根·埃利希:《法律社会学基本原理(Fundamental Principles of the Sociology of Law)》,九州出版社 2007 年版,第 1~3 页整理而成。

以逻辑推理为主导的严格的法律教条所能够提供的,也同样不是由来已久的自然法理论所能够提供给他的,同样也不是以萨维尼、普赫塔和梅特兰等人为代表的历史法学所能提供的①。对于现实秩序欠缺的忧虑和对规则遵守的渴望,在面对一个并不强势的国家,深处被法律的触角所忽略的矛盾多发的地区之时,埃利希当然不会如萨维尼、普赫塔等人那般关心立法问题。在诉诸和平的内心需求鼓动下,他在自然法学派、历史法学派的理论之间,在司法、行政、君主、民族风俗等等琐碎的法治符号之间寻觅一种可以制序(ordering)的理论,在法律的自由发现运动过程中,在对祁克理论的梳理中,他终于找到了可以将25年之苦苦寻觅而欲以建构的法学体系建构起来的切入口,即联合体(association)这一概念,更为关键的是,祁克的理论将国家也涵括于内,这一理论突破口的存在给予了埃利希将所思所想体系化构建的最佳切入点。也就是说,祁克的团体理论提供给了埃利希制序的法概念基础,而这种法概念,则是脱离了僵化的实用法学和理论法学之分的法概念,是一种真正实用的法概念,它赋予了法概念与奥斯丁以降的三要素法概念一种真正的活力要素,即制序(ordering)这一要素②。这一法概念,则是一种非常开放的法概念,是法律思想史上法概念的一个分界点,是与传统包括注释法学派、自然法学派、历史法学派等都远不相同的革命性的法概念,也正因为它走得过远,所以遭致同

---

① [奥]尤根·埃利希:《法律社会学基本原理(Fundamental Principles of the Sociology of Law)》,九州出版社2007年版,第2~50页。

② [奥]尤根·埃利希:《法律社会学基本原理(Fundamental Principles of the Sociology of Law)》,九州出版社2007年版,第44页。

时代法学研究者的广泛批评①。

　　但是,这种"法"概念的提出,之于埃利希却又是如此的情之所至。多民族文化的浸礼,民族、宗教、边界、种族等纠纷的煎熬,被迫颠沛流离,甚至不能以母语授课的埃利希,在无一个自上而下的强势国家可求助,从而有效施行良好秩序的世界中,只有渴求一种能够从下而上建构起来的秩序,而这种秩序的建构所需要的就是"制序"能力。事实上,这种由下而上的规则渴望常常发生于多民族混合的地区②,而埃利希恰巧是一个有着充分法学知识,并遭受了这些来自各种矛盾所带来的苦难的法学家,因而,他建构起以制序(ordering)为基本特征的法概念,并以此为基础建构起一整套法哲学体系。而所有这一切,用一个带有价值判断的命题来总结,那就是对秩序的渴望,对"制序"能力的渴望。也唯因为此,埃利希的法学被称之为追求和平的法学。

　　到了这里,似乎仍然缺少一个梳理,那就是埃利希的思想渊源。中文研究当中,对此梳理的已经很多,包括了当时的历史法学派,以孔德、杜尔克姆为代表的社会学家的思想,等等。作者以为,埃利希法社会学的思想渊源包括了他所有的经历和阅读,这些人的名字在他那部法社会学基本原理中多有提及。而国内研究文献中对此也多有论及,只不过,杜尔克姆是埃利希所没有提到的,因而,他的研究框架虽然与埃利希的研究有

---

①　K Alex Ziegert, *A Note on Eugen Ehrlich and the Production of Legal Knowledge*, (1998) 20. Sydney Law Review.

②　如萨格丽特·梅里对美国多族聚居区所作的调查,就表明了这种倾向,[美]萨格丽特·梅里:《诉讼的话语》,郭星华、王平、王晓蓓译,北京大学出版社2007年版。

些许近似之处,本书是持怀疑态度的①。对于基本的思想渊源梳理,本书将在埃利希法哲学思想的前世今生部分进行专门概括②,因为,如果没有引入他人思想,而就在这里臆断,自然不符合严谨治学的基本要求了。

在对埃利希法社会学思想进行简单的背景性梳理后,本书也将最终涉及到埃利希的法哲学思想,本书将从埃利希的制序要素的法概念出发,对埃利希法社会学思想进行梳理,具体而言,将分为几个部分:一、法的产生,提出联合体的基本理念,探求法产生的最初平台;二、国家与法的关系,以法所指向的事实为出发点,对传统的法源二元论进行批判,并建构新的多元法源论;三、法律命题研究,对法律命题的形式和内容进行深入剖析,从实际的社会生活探求与纸面中法律命题千差万别的生活中的法律命题内容;四、法律发展的逻辑,以三大法律秩序为例论述法发展的实际情形,证明法学演进的社会性轨迹;五、法学研究的倾向和法学功能。以历史为依据,对法学研究的历史化倾向进行描述,并据此探求法学的科学功能;六、国家法的运行与成长,对国家法如何在社会中运作,如何在历史中流淌,以及发展趋势,尤其是法典化之所以出现以及影响进行了梳理;七、法社会学方法论,主要对历史法学派方法对法律社会学的影响,以及活法的影响进行介绍,提出一个基本的法律社会学研究方法框架。

---

① 如 K Alex Ziegert 就明确对此提出否定。K Alex Ziegert, *A Note on Eugen Ehrilich and the Production of Legal Knowledge*, (1998) 20. Sydney Law Review.

② 见本书第八章第三节。

第二章 "法"的产生

第一节 制序(ordering)为特征的法概念

一、"法"学的实践和理论科学之分

埃利希在展开他的法社会学理论之宏大框架时,首先要解决的是法的概念问题,也就是什么是法的问题。埃利希法哲学中的法概念构成了其全部思想的核心:为什么要建构一种在他看来几乎是与现实中法律运作实践全部脱离开来的"法"概念呢?这仍然要回到法学所发生的,为埃利希所注意到的历史中去。对于埃利希而言,之于法律实践的发展,法律史上最为重要的是法学的实践和理论科学之区分,即也可以称之为理论法学和实用法学之区分①。对于法学而言,这一区分来自历史法学派的伟大贡献。

埃利希以医生和机械工程师塑造过程为例来论证理论科学

---

① [奥]尤根·埃利希:《法律社会学基本原理(Fundamental Principles of the Sociology of Law)》,九州出版社 2007 年版,第 2~16 页。

和实践科学区分的重要意义。埃利希指出:"曾经,未来职业医师的培养是通过使他们牢记当时已知的各种疾病症状和治疗方法的名称来完成,而现在的职业医生成了以人体为研究领域的自然科学家;而一个世纪之前,机械工程师和从师傅那里学习机械制造所需之技艺的技工并无差别,而当代的机械工程师则是一个物理学家,他需要熟知他所使用原料的构成以及在各种条件下可能出现的反应。"[①]这种变化反映了一种知识掌握方式的变化,即医生和机械工程师以理解其技艺科学基础为前提掌握职业技巧。这种变化,从某种意义上而言,是革命性的。这种职业知识掌握过程所推出的理论科学和实践科学之分,成为埃利希认识法学的一个工具。显然,埃利希是坚信,既然在实践中并无看得见用处的纯科学理论对实践有着无比重大的推动作用,那么,如果对社会科学进行此种分割,并以这种分割进行研究,也应当理所当然地促进法律科学的巨大发展。幸运的是,埃利希很快在法学的发达史中找到了这一推论的证据。

奥托·冯·祁克(Otto von Gierke, 1841—1921),德国法学史家,以其关于中世纪法团的研究而知名。

埃利希认为,对于法学而言,区分实用法学和理论法学(纯粹法律科学)是必要的,法学的历史,尤其是法教义学发达的历史恰恰证成了这一判

---

① [奥]尤根·埃利希:《法律社会学基本原理(Fundamental Principles of the Sociology of Law)》,九州出版社 2007 年版,第 2 页。

断,只不过,法学研究者中,并没有多少人意识到这种规律而已,这正如使用钢铁建造房子的工匠可能并不知道钢铁这一混合物的化学成分一样①。埃利希指出,当代法教义学最为辉煌的成就得益于历史法学派,只有到了历史法学派这里,法学的研究目的才真正地摆脱了"实证法"的枷锁,成为一种独立的科学,从而并不再仅仅关心这一研究结果的实际用途。恰因如此,自法律史学不再是法教义学的女仆之后,它反而促成了法教义学的辉煌。"法律史学对于法律科学的重要性与其说在于它是历史学,倒不如说在于它是不追求任何实践目的的纯科学……"②在此,埃利希说得非常明白,古罗马法学家、注释法学派与后注释法学派都运用了大量的法律史资料,法国诸如孟德斯鸠等学者、16 世纪以后的荷兰学者、德国学者和英国学者到处都是熟谙历史的大师,但他们的法律研究之目的,还完全出于对实证法有更好的理解,只有在历史法学那里,法学才真正有了纯粹的法律科学,而这恰恰是因为它放弃了自己有限的目标与方法。但是,可悲的是,即便是现在,历史法学也可能是法学中的唯一科学(纯理论科学)③,这当然是由人所思所为受到目的观念支配的原因,而这种功利样态恰恰造成了法学的贫瘠。

埃利希指出,区分出一种纯粹的法律科学和实践法学非常

---

① [奥]尤根·埃利希:《法律社会学基本原理(Fundamental Principles of the Sociology of Law)》,九州出版社 2007 年版,第 8 页。

② [奥]尤根·埃利希:《法律社会学基本原理(Fundamental Principles of the Sociology of Law)》,九州出版社 2007 年版,第 6 页。

③ [奥]尤根·埃利希:《法律社会学基本原理(Fundamental Principles of the Sociology of Law)》,九州出版社 2007 年版,第 6 页。

重要。出于以上原因,当前法学几乎完全是实用法学。而这种现象对于法学的发展多有其弊,正如"矿物学和化学除了告诉我们铁确实可用于建筑钢铁结构工程外,无法教给我们更多知识;好比植物学家介绍植物时,只能告知我们药学教材上的既有知识"①。更何况,法学中的这种现实在实际生活中要更加糟糕!因为,即便是这唯一的实践法学,它的范围也没有涵括法学家活动的全部领域。对这一判断,埃利希进行了例证。他指出,古罗马实用法学仅仅包括解答、协助和提供,即分别对应法官、法律文件起草人和律师的活动;英国实用法学仅关注法官和律师的活动。显然,这些并不能涵盖法学家的全部活动,立法、政治、新闻出版、农工商业的管理活动等都涉及到法学家的活动。然而,这些活动,并没有被古罗马和英国的实用法学涵括于内。相较之下,欧陆实用法学则更为薄弱,作为法学知识传递场所的大学主要是培养法官,法官所需要的法律知识乃是法学教育的核心②。兼有些为外交和行政职业作准备的内容。讽刺的是,恰恰是由于学生大多并不立志于外交和行政职业,狭义公法和国际法才因而脱离了"目的的枷锁",较早地成为了科学研究③。

这种以培养法官和行政官员为目的的法学教育,使得法学研究成果几乎忽略了对于法律发展非常重要的律师的活动,以

---

① [奥]尤根·埃利希:《法律社会学基本原理(Fundamental Principles of the Sociology of Law)》,九州出版社 2007 年版,第 8 页。

② [奥]尤根·埃利希:《法律社会学基本原理(Fundamental Principles of the Sociology of Law)》,九州出版社 2007 年版,第 12 页。

③ 这与先前所论证的法律史是相同的,都是不囿于目的而成为科学,并会对实践产生重大影响。

及对他们的指导。律师的知识技能只能通过学徒方式获取,并且这种知识随着他的逝世而消失①,而这些知识之所以不能流传下来,恰恰在于实用法学将其自身现在自己的领域内,即以司法为中心的法学知识建构体系,而这种狭隘的法学知识观,直接产生了社会生活与法律知识体系的代沟,例如:"当时,在法律生活中发挥重要作用的工会问题、托拉斯问题和卡特尔问题因为它们在司法中的角色并不重要而为实用法学所无视②"。这种司法中心主义的法学知识体系对实践所造成的最为恶劣的影响是方法论意义上的,也就是说,法学的方法被理所当然地认为是抽象和演绎,这直接导致了法学的非科学性,因为,"真正的科学主流方法是归纳性的,它通过观察与经验来……"③

因此,"实用法学"(juristic science)并没有形成科学的法概念。因为,据此不足以反映全部法律实践的方法而收集的知识体系是极为狭隘的,而依据这一知识体系而建构的法概念自然是不科学的。因为,此处狭隘的法学家所提到的法律,所指的乃是专门在司法审判中如法律一般重要的东西。恰如铁结构建筑专家提到铁时,其所指并不是他的科学的化学构成,而仅仅只用于建筑的混合物。正因如此,"法"的概念应当全面反映出实用法学的实际运作,而这是从手册或专著中所无法获

① [奥]尤根·埃利希:《法律社会学基本原理(Fundamental Principles of the Sociology of Law)》,九州出版社 2007 年版,第 12 页。

② [奥]尤根·埃利希:《法律社会学基本原理(Fundamental Principles of the Sociology of Law)》,九州出版社 2007 年版,第 14 页。

③ [奥]尤根·埃利希:《法律社会学基本原理(Fundamental Principles of the Sociology of Law)》,九州出版社 2007 年版,第 16 页。

取的。

　　这一点,恰恰是区分纯科学的理论法学和实用法学的意义。对于埃利希而言,如果不区分实用法学和理论法学,就不可能形成对"法"的完整而全面的认识。这种看似并无意义的区分常常被后世的研究者所忽略或误读了,因为之后埃利希所进行的法的概念的追溯历程,是建立在法学界承认但却并不完善的"实用法"基础上的,并在此"实用法"的教义推演出推翻了"实用法"狭隘的司法中心或权力中心的"法"概念观,这种贯彻欧洲法律史的法概念观恰恰是因为法学幼稚地并不能如其他学科那样,诞生出理论法学与实用法学之分,也就因而不能形成完备的、更富有生命力的法律科学。

二、"法"概念的国家化

　　在对法学进行法律科学和实用法学的区分之后,埃利希开始尝试建构起一种真正理论法学意义上的法概念,也就是法律科学意义上的法概念。为此目的,埃利希需要回到"法"的实践中去,通过对罗马法的演变进行回顾,分别从法官角度和普通人角度来寻找法的形成过程,论证科学的法概念。

　　首先,埃利希提出了一个"意识转换悖论"。埃利希指出,从法官角度而言,"法"是其断案必须遵循的规则,而当前主流观点则认为"法"是人们的行为规则。这似乎是两个一致的判断,但实际上,法官裁判的规则和行为规则是两种完全不同的规则。尽管,法学上认为二者具有同一性,但实际上,人们并不

是依据裁判中用以解决纠纷的规则行事①。持行为规则"法"概
念的历史法学家事实上存在着一个意识转换悖论,也就是说,
这些只知道某个古老时期、某个民族中婚姻缔结方式、家庭生
活习俗和土地所有权规则,而并不知裁决诉讼规则的观察者,
在回到自己所处的时代和国家的实证法时,便立即无意识地放
弃了之前所采用的法概念。"在这个过程中,人类行为规则转
换成了法院或其他裁判机构的裁判规则,而这些规则同样是行
为规则,只不过是具备法律执行权的权威机构的行为规则。"②
这里存在着一个意识的转换悖论,这个意识转换过程所附随的
"人们根据裁判机构的裁判规则行为"的判断也让人无法接受。
因为,这一判断经不起诸如"无论人们是否知道法律,他都受法
律约束"之类判断的推敲,也因而显得极其脆弱无力。因此,
在这个意识转换悖论中,寻找"法"的起源,成为确定"法"科学
概念的关键。于是,埃利希开始了对法的起源主流观点的
声讨。

接着,埃利希指出了法的起源中对非国家法的忽视悖论。
他指出:"在萨维尼和普赫塔一个世纪之后的今天,即便是受过
科学训诫的法学也认为,过去的法律中相当多一部分并非由国
家制定,即使在今天,法律也在很大程度上的自于其他源头。"③
但是,历史的发展进程,却使得法学对"国家法"之外的法源越

① 〔奥〕尤根·埃利希:《法律社会学基本原理(Fundamental Principles of the Sociology of Law)》,九州出版社 2007 年版,第 16 页。
② 〔奥〕尤根·埃利希:《法律社会学基本原理(Fundamental Principles of the Sociology of Law)》,九州出版社 2007 年版,第 18 页。
③ 〔奥〕尤根·埃利希:《法律社会学基本原理(Fundamental Principles of the Sociology of Law)》,九州出版社 2007 年版,第 22 页。

来越不重视,直至将这些法源打入冷宫,而以此剥夺了其自身的科学性。而这种忽视其他法源的研究、教学态度事实上来自随着历史的发展而发生的法源地位的变化,诸如习惯法等非国家法源随着国家对法律创制权的垄断而越来越微不足道。这也是萨维尼和普赫塔发起,而由后世法学文献所反复强化的意识。埃利希对这种意识提出批评,并对法的自由发现运动所试图重构的法律与社会关系给以高度评价。为了寻找法的科学起源,埃利希回顾了"国家法""垄断法源"的历程。他指出:"在如共和国时期的罗马或中世纪的德国,法官主要依据习惯裁判,这个时候,人们自然不能形成法律本身来自国家的意识……直到共和国晚期,罗马人仍认为习惯法、法学家法和法律(leges) 同样具有价值。"埃利希指出,国家法源唯一的理念源于国家变得极端强大并开始朝着专制政府的方向发展之后,"推动力的觉醒使得在历史的进程中,国家成为权威且唯一的法源"①。这种转化首先是通过法律解答权的方式实现非国家法与国家权威的结合,接着则通过法典编撰的形式进一步排除"法"的非国家渊源。在这种"坚定"的历史演进过程中,当法官只需熟谙"国家法",当事人要证明"非国家法",当前法源的主流认识最终被决定性的建立了起来,也即"只有国家制定的法律才是该术语完整意义上的法"②。而其他法源都是劣等的法律,其最终是否具备法律属性取决于国家是否认可。

---

① [奥]尤根·埃利希:《法律社会学基本原理(Fundamental Principles of the Sociology of Law)》,九州出版社 2007 年版,第 24 页。

② [奥]尤根·埃利希:《法律社会学基本原理(Fundamental Principles of the Sociology of Law)》,九州出版社 2007 年版,第 26 页。

到这时,如果不是幸好两股潜流的存在,即自然法研究和法律史研究,"法律科学"将会最终走向"死胡同",法学则成了并不科学的"实用法学"。

三、自然法学派与历史法学派的歧路

埃利希寻求法的起源的过程中,从国家演化史中发现了非国家法日益式微,而国家法日益占据主流的历史脉络。这一情形直至16世纪到18世纪复兴自然法学的出现以及18世纪以来历史法学派的出现才出现转机。但埃利希认为,无论是自然法学,还是历史法学对法源的探求,都存在一个问题,即都因思维与方法的局限,最终无法突破樊篱,形成对现行法的科学认识。但是,自然法学派与历史法学派对科学法源的寻求有着至关重要的意义。这恰是因为,他们在一个国家已经占据着法律创制垄断权的时代中,以一种积极(自然法学派)①或消极(历史法学派)姿态②,有意或无意地突破了国家垄断这一限制法的科学化发展的瓶颈,"他们都没有盲目地认为法就是国家颁布的宣称为法的东西;他们都试图以科学方式探求法的本质;他们都在国家之外需求法的起源:一个认为法源于人的本性,一个认为法存在于民众的法律意识之中"③。而这种跨越,恰恰为法源理论指出了一条可行的路径。

但是,埃利希在肯定二者超越视界的同时,也对自然法学

---

① 要求现世的权威机构诉诸更高的超世的法律。

② 寻找历史上存在的非国家法形式。

③ [奥]尤根·埃利希:《法律社会学基本原理(Fundamental Principles of the Sociology of Law)》,九州出版社2007年版,第28页。

派和历史法学派未能完全贯彻自己的观点和方法感到遗憾。在埃利希看来,除了法国激进的自然法启蒙者外,多数自然法学者从来不敢,或至少不敢肯定地断称法官具有适用未被国家认可的法律规则的义务,从而使自然法由此沦为空谈,因为,为了能够实现自然法的约束力,自然法的倡导者最终还是要寻求国家立法,而这种结果是与自然法理论的起始点相悖的①。即仍然未脱离服务现世需要的实用法概念的桎梏。

接着,埃利希对以萨维尼和普赫塔为代表的历史法学派进行了评断。在埃利希看来,历史法学派第一次表现了对仅仅以服务实践为目的的法学的轻蔑,尽管这种态度可能是无意识的。在历史法学派的研究中,包括对共同法的研究中,他们努力寻求并科学理解可构成所有"法"性质的共同法要素。因此,他们关注于法的创制过程中的本源力量,而不关注立法者的个体特征。这是个伟大的进步,只不过,遗憾的是,他们并没有将此贯行到底②。埃利希指出,历史法学派关注非国家法,但却没有去调查德国的习惯法,没有去讨论过任何一种法律文献所没有的记载,但在生活中先行有效的习惯法情形。因而,将法律的发展归于民众法律意识的历史法哲学观除了成就一种受到谴责的立法方法外,并不能告诉我们,现世中,新的法律如何被现行的实证法接受? 而法律科学以何种方法认可和接纳新的法律观点? 因而,在埃利希看来,"历史法学派有时候仅仅是更为

---

① [奥]尤根·埃利希:《法律社会学基本原理(Fundamental Principles of the Sociology of Law)》,九州出版社 2007 年版,第 30 页。
② [奥]尤根·埃利希:《法律社会学基本原理(Fundamental Principles of the Sociology of Law)》,九州出版社 2007 年版,第 30 页。

精巧地处理了他们的前辈们已经讨论过的事实状况……他们的材料来源都是 18 世纪的实用法学所用的共同法……他们已经过他们检验的法源内容验证它……修正传统定义,但却没有试图丰富它或引入新的方法"①。

同样的悲剧也发生在历史法学派的继任者那里,严格而言,这些并不能称之为继任者,他们只是延续了历史法学派之关注非国家法的精神,这些人包括日耳曼法学家和教会法学家。而在历史教义学领域中耕耘的研究则开辟了新的战场,关注于 18 世纪的共同法学。但他们的思维仍然羁绊于"在何种条件下,习惯法依据立法者的意图而对法官具有约束力,这种意图的实现途径则是对《民法大全》、《教会法大全》或现代制定法的解释"②。

也就是说,直到埃利希所在的那个时代,尽管有自然法学派和历史法学派努力突破的试图,但是,实用法学仍是国家取得主导地位之后的样子,实用法学不过是国家制定法的应用科学,而所有的法学著述和教学,不过是制定法系统的另一种形式的再现,一种更为细致的工作,而离科学,或许仅一步之遥,却无法企及。

但这里还是出现了一个鸿沟,也就是公法、私法分野的鸿沟,因为法律完备的教条并不适用于公法。也就是说,法律整体上是在所有可能的关系上预先规范人类行为的一个完整的

---

① [奥]尤根·埃利希:《法律社会学基本原理(Fundamental Principles of the Sociology of Law)》,九州出版社 2007 年版,第 32 页。

② [奥]尤根·埃利希:《法律社会学基本原理(Fundamental Principles of the Sociology of Law)》,九州出版社 2007 年版,第 34 页。

规则体系是荒谬的,这一判断"仅仅适用于个案最终掌握在法官手中的那部分的法律秩序"①。当然,这只是耶里内克的看法,埃利希指出,如果公法问题的最终裁判权也由法官掌握,那么,法官在不能依据逻辑上完备的法律规则体系中寻求答案的情况下,则有义务去发现一个解决方案(find a solution)②。而由此所引出的就是法官如何发现的问题以及这一过程中所遵循的"裁判规则(norms for decision)"问题③,也唯有解答好这些问题,我们才能理解"法律是强制规则,承认可执行请求权和可强制执行义务是法律的基本要素"的流行观念。而在埃利希看来,流行的法要素观是有问题的。

四、制序(ordering)为要素的法概念

针对当前以强制为特征的法概念观,埃利希从强制的可能类型入手进行了批评。埃利希指出,在这种主流的法概念观中,刑罚或强制执行被认为是法律的本质特征。对于违法情形,这一判断可能是正确的。但对于那些守法者而言,"刑罚或强制执行的心理强制都是次要的,他生活在无数的法律关系(legal relation)中,除极少例外情况,他总是非常自愿地履行其所负有的义务"④。法学家最不应当忽略如下事实:从法律义务

---

① [奥]尤根·埃利希:《法律社会学基本原理(Fundamental Principles of the Sociology of Law)》,九州出版社 2007 年版,第 36 页。

② [奥]尤根·埃利希:《法律社会学基本原理(Fundamental Principles of the Sociology of Law)》,九州出版社 2007 年版,第 38 页。

③ [奥]尤根·埃利希:《法律社会学基本原理(Fundamental Principles of the Sociology of Law)》,九州出版社 2007 年版,第 38 页。

④ [奥]尤根·埃利希:《法律社会学基本原理(Fundamental Principles of the Sociology of Law)》,九州出版社 2007 年版,第 38 页。

的层面而言,人们的作为或不作为与当局所强制的作为或不作为完全不同,前者要比后者内容多得多。对于狭义公法而言,这种强制特征的非合理性更加明显,因为那里几乎不可能存在刑罚和强制执行的情形,更何况行政官员的纪律常常是异常弩钝以致不能被视为一种强制。同样,日常交往中人们的行为也根本无暇去考虑法律所可能的强制,私法领域中的行为特征也很难普适地衡量一种国家所维持的强制。

埃利希认为,传统法学一直默守国家强制为法律概念要素的理念,但事实上,法律从产生到运作的各个时空都表明,"法律必须由国家创制不是法律概念中的本质要素,它也不构成法院或其他裁判机构裁决的基础,也不是裁决必然产生法律强制的基础"。这些非科学的要素必须从法的概念中剔除出去,而剔除之后秩序仍然维持下来的要素则应该是法律最为本质的特征,即法的基本要素在于"制序(ordering)"①。这一要素取自祁克(Gierke)的伟大发现,在他称之为的联合体(association)中发现了这一特征,并且,祁克同时指出,国家是一种联合体,而法律则是联合体的组织方式,即法律被用以配置联合体成员的地位②。

至此,埃利希终于建构起了以制序为特征的"法"概念观,以联合体为中介,埃利希将法视为一种组织方式,一种制序手段,并进而通过将国家归类于一种联合体而实现断桥的连接。

---

① [奥]尤根·埃利希:《法律社会学基本原理(Fundamental Principles of the Sociology of Law)》,九州出版社 2007 年版,第 44 页。

② [奥]尤根·埃利希:《法律社会学基本原理(Fundamental Principles of the Sociology of Law)》,九州出版社 2007 年版,第 46 页。

而终于,通过制序特征的法概念,埃利希超越了实用法概念的范围,超越司法中心主义的法教义学,超越了权威中心的法教义学,超越了历史法学派和自然法学派的方法论悖论。并由此建构起他欲以建构的理论法学与实践法学之分,并以自己的法概念为法律科学概念从而推进法哲学的发展。

而更值得注意的是,这种超越深深地印刻着埃利希对秩序渴望的价值观,这是一种规则中心主义的法哲学观,反映了动荡环境下对社会秩序的一种"和平"诉求的法哲学观。

第二节 联合体与法

一、社会联合体的内部秩序

在指出法的"制序"要素的过程中,埃利希引入了祁克所提出的联合体的概念,各种各样的人类联合体的总和构成了人类社会。而"法"的产生过程与联合体功能的分化过程相伴相随,并且,不同的联合体在横向层面上也存在着一个由低级到高级的变化。埃利希指出,认识联合体内部秩序的第一步就是要从这些复杂的联合体中找出原生型(genetic)或基本型(primitive)联合体。法的产生过程可以放在这些联合体的发展过程中去考量。

联合体的产生乃是因为人们相互依赖的模糊的团结意识,它使氏族得以产生,而这种团结意识又由于共同血缘、共同祖先而得以强化。埃利希指出,在人类发展的低级阶段,人类社会的秩序完全取决于原生型联合体,以及由这些原生型联合体所扩张组成的部落和民族。"氏族、住户共同体和家族是经济、宗教、军事和法律的联合体,也是语言、伦理习俗和社会生活的共同体(community)。"①而法的产生则是随着这些联合体功能的分化而出现的。也就是说,随着人类向高级阶段的发展,原生型联合体包罗万象的功能被各种新的联合体所承接,这些新的联合体包括"公社、国家、宗教团体、各种协会、政党、农业经济联合体……"。到了人类发展的文明阶段,每个人都是无数联合体的成员,曾经强大的原生型联合体开始衰亡,只有由血缘所维系的家庭(原生型联合体的早期形式)还存在。但重要的是,法的产生过程则要从这种"联合体的演进历程"中去寻找。

埃利希指出,联合体复杂多样的人类时代与简单的人类历史阶段存在一个关键点需要把握,也就是,在当今复杂的联合体世界中,每个人都只属于"一个原生型"联合体,这种"身分"是天然的,而究竟属于多少个其他的次生型②联合体,则是有意或选择的。换句话说,埃利希认为,原生型联合体的归属是自发的,而次生型联合体的身分归属是自觉自愿的。原生型联合体和次生型联合体的差异程度随着文明的进步而加深③。即随着人类社会的文明,人们的社会地位越来越不由出身、血缘决定。

埃利希认为,在这些早期的联合体中,可以找到现在被称为法律的事物的痕迹。"在氏族、家族和家庭中,规范其秩序的

---

① 〔奥〕尤根·埃利希:《法律社会学基本原理(Fundamental Principles of the Sociology of Law)》,九州出版社 2007 年版,第 56 页。

② 笔者注,借以指代埃利希与原生型联合体相对应的其他联合体形式。

③ 〔奥〕尤根·埃利希:《法律社会学基本原理(Fundamental Principles of the Sociology of Law)》,九州出版社 2007 年版,第 56 页。

就是最早的法律形式,这些秩序决定着婚姻有效的前提及后果,决定着配偶之间、父母与子女之间的关系。"①埃利希指出,所有这些原生型联合体的内部秩序都只对内生效,如果其他联合体的秩序与之相似或相同,那么,也决不意味着任何从外部而施加的统一秩序,而仅仅在于联合体内生活的相似性。即"这些联合体中并不存在共同法(common law),而只可能存在一般法(general law)"②。因为,在埃利希看来,联合体的秩序是由内而生的,也就是联合体的内部秩序(inner order)。为了证成这一点,埃利希举了土地法、契约法、继承法的产生过程,列举了国家的产生过程,列举了王室司法的演化。从这些"法"的演化史中,埃利希描述了一个从内部(inner)向外扩张的秩序产生过程。

埃利希将这个过程用以描述国家法的产生,他指出,在原始阶段,整个法律秩序都存在于人类联合体的内部秩序之中,国家也是人类联合体的一种,既然每个联合体都创设自己内部的法律秩序,国家也同样如此。封建国家的例子最能说明这一点,因为"封建国家的主要特征就在于它没有宪法,只有协议"。并且,埃利希指出,封建国家中,国王与接受其封地的大封建主之间是契约关系,大封建主和小封建主之间也是契约关系,而小封建主和接受其授予土地的对象之间……直至最低层级的农奴之间都是契约关系。封建主和农奴之间的协议是联合体内

①　[奥]尤根·埃利希:《法律社会学基本原理(Fundamental Principles of the Sociology of Law)》,九州出版社 2007 年版,第 56 页。
②　[奥]尤根·埃利希:《法律社会学基本原理(Fundamental Principles of the Sociology of Law)》,九州出版社 2007 年版,第 58 页。

部秩序的反映,尽管在一定地区和特定人群中,这种协议内容具有相似性,但这也只能是一般法,而不是共同法。与之相应,封建农奴集体与封建主缔结的协议,也并不是法律,其重要性在于封建主的接受。事实上,埃利希指出,"德意志神圣罗马帝国议会中最古老的决议、英国的《自由大宪章》……都是这种集体协议"①。

但是,埃利希指出,这种上下缔结的封建宪法并不是封建国家的全部秩序。在这个国家内部,还存在众多的联合体,但是,旧的血缘性联合体在弱化,新的地区性、行业性联合体逐渐接管许多社会功能。在这新生的地区性联合体中,城市日益重要,并获得实质脱离封建宪法的独立地位。埃利希指出,"城市围墙之内,大量在别处未知的社会联合体和活跃的法律生活发展起来……此时此地……法律制度第一次被以不动产法、担保法、契约法和继承法等法律命题的形式表达出来"②。

但埃利希接着指出,要认识到法律的本质,就必须认识到,城市中所发展起来的这些法律命题只不过构成了法律秩序中极其微小的一部分,大量的法律秩序仍是基于联合体的内部秩序,而不是基于法律命题。但很显然,历史上记录下来的基本都是法律命题(legal proposition),即在文献中关于法律规律的精确而有拘束力的表达,而这些恰恰是当我们回顾过去几个世纪的法律时所印象深刻的东西,然而,由于欧洲所有国家所采

---

① [奥]尤根·埃利希:《法律社会学基本原理(Fundamental Principles of the Sociology of Law)》,九州出版社 2007 年版,第 68 页。

② [奥]尤根·埃利希:《法律社会学基本原理(Fundamental Principles of the Sociology of Law)》,九州出版社 2007 年版,第 70 页。

用的这种记录形式,使"法不过是法律命题的集合"的理念主导当今的法律思维。但是,这显然与事实不符,因为,即便是在今天,"个人的命运也多由联合体的内部秩序决定,而不是由法律命题来决定"①。这一真理往往被经过规训而形成的法学家思维所掩盖,通常情况下,"法学家认为,对实施问题作出裁决实际上不过是将待决事实涵摄到一个法律命题之下"。② 但国家出现于宪法之前,家庭早于家庭法、占有先于所有权、契约早于契约法……如果人们认为,他们实施上述行为是因为这些带有法律属性的法律命题,而不是因为表征人与人之间关系的社会联合体,那么,这种认识显然不可理喻。

埃利希在回顾联合体发展历程的基础上指出,"人类联合体的内部秩序不但在起源时是法的基本形式,而且直到现在,也依然如此"③。人们要理解法的产生、发展以及本质,则必须考察联合体的内部秩序,而这一秩序则由法律规范(legal norms)决定。埃利希指出,法律规范不同于法律前文所讲的法律命题,它是深嵌入实践中的法律命令,即便它没有被以语言形式阐明,它仍具有命令属性。在此,埃利希明确地指出:"虽然一旦联合体中出现了法律命题,也就能产生出法律规范,但是,法律规范范围要大于法律命题……正如每一个现代史学家都知道,包含在《十二铜表法》或《萨克利法》中的法律占当时

---

① 〔奥〕尤根·埃利希:《法律社会学基本原理(Fundamental Principles of the Sociology of Law)》,九州出版社2007年版,第72页。

② 〔奥〕尤根·埃利希:《法律社会学基本原理(Fundamental Principles of the Sociology of Law)》,九州出版社2007年版,第76页。

③ 〔奥〕尤根·埃利希:《法律社会学基本原理(Fundamental Principles of the Sociology of Law)》,九州出版社2007年版,第72页。

全部有效的法律的比例有多小一般。"①

二、"法"的社会属性

指出了法的产生与社会联合体演变之间的关系,埃利希事实上已经对他的"法"的概念有了一个与先前法学研究所不同的概念推演,这一概念的推演过程显然是依据对社会联合体由原生型联合体演进至复杂联合体过程的历史考察。在埃利希看来,在这个联合体"复杂化"的过程中,人与人之间出于交往的需要,承认一些行为规则对彼此具有约束力,并按照这些规则行为。这构成了联合体内在秩序的基础,而法律规范不过是行为规则的一种,它如道德规则、伦理规则、宗教规则、荣誉规则、利益规则、言行规则等一样,具有相同的社会属性。这种属性,是法的重要属性,对社会联合体秩序得以维持,具有重要意义。因为,埃利希的联合体秩序中,"法不是也不可能是唯一的维系方式"②。

但是,埃利希指出,法律的社会属性并没有被各界所重视,甚至存在故意被主流法学流派所故意曲解的表现。这样做的目的显然是基于实践目的之需,即尽可能地使法官牢记,他应当且必须依据法律,而不是其他规则来作出判决。因此,在论述法的属性的过程中,法与其他社会规范之间的相同属性被弱化,而法与其他社会规范的不同或对立,尤其是与伦理规范之

① [奥]尤根·埃利希:《法律社会学基本原理(Fundamental Principles of the Sociology of Law)》,九州出版社 2007 年版,第 78 页。

② [奥]尤根·埃利希:《法律社会学基本原理(Fundamental Principles of the Sociology of Law)》,九州出版社 2007 年版,第 118 页。

间的对立则被放大。然而,这种当代的法律属性意识并不符合历史的发展事实,也不能完全适用于所有的法律部门,甚至不能适用于所有的国家。为说明这一点,埃利希指出:"在法被定义为善良与公正艺术的罗马,从没有听说过这种对立……在国家法中,在狭义公法中,在行政法中,法也不可能如此细致地区别于道德、伦理习俗、礼仪和言行规范以及习俗……在今天的英国,这也没有被过度强调……"①埃利希指出,将法律规范和社会及其他规范对立的强调话语事实上使得法律调整的有限性被忽略,并因而对法律规范之于联合体的制序(ordering)作用有所高估,甚至是对其之于法律联合体的制序的作用都存在过高的预期和评价,并因而忽视了法律规范所具备的社会属性,以及非法律规范对联合体,包括法律联合体制序维护的重要作用。

埃利希认为,并非所有的人类联合体都受法律规范调整,不过,这些受到法律调整的联合体是基于法律规范的法律秩序的一部分,而这一部分的秩序则是法律社会学所"专门(exclusively)"处理的对象。也就是说,对于这些具备法律特征的联合体而言,其内部的法律秩序是法社会学研究的专门领域,因而排除了其他社会学科对这一领域的关注。但是,接下来的问题便是如何分辨此类具备法律特征的联合体。法学家所称的法人、公司、公共机构以及国家当然可以通过外部标准即可识别,但除此之外,其他如管理委员会、公共机构、人民大众、军

---

① [奥]尤根·埃利希:《法律社会学基本原理(Fundamental Principles of the Sociology of Law)》,九州出版社 2007 年版,第 82 页。

队、阶层以及职业团体等不具有法律人格的法律联合体又如何解决？私法中诸如此类的联合体又如何认识？

埃利希认为,在所有的法律联合体中,法律规范(legal norm)都构成了其内部秩序的支柱(backbone),是其"组织方式(organization)"的最强有力支撑。而这里的组织方式也就是配置联合体中成员各自地位和职责的规则,既处理人与人之间的关系,也处理人与物之间的关系。在后一种情况之下,该规则仅间接地处理人与人之间的关系。但是,无论何种,只有当其参与了联合体法律秩序的构建,并且,所构建形成的秩序成为人们行为规则之时,这些规则才能够被称为真正的、活的法律规范(legal norm)。那些仅在极少数法律争端中生效但平时不过是作为裁判规范的法律规则(rule of laws)并不参加联合体的制序(ordering)过程。对于法社会学而言,主要任务就是要把那些调整、规整和决定社会的那部分"法"与纯粹的裁判规范(norms for decision)区别开来,并描述出前类规范的组织力。这种区分,在狭义公法(staatsrecht)及行政法领域,已经得到认可,"今天,几乎没有人怀疑狭义公法(staatsrecht)是国家的一种制序,其目的不在于解决法律纠纷,而在于确定国家机关的地位和功能,以及确定国家权威机构的义务和职责"。

但接着,埃利希话锋一转,指出,"但国家首先是一个社会联合体,在国家中起作用的力量是社会力量;国家所为的事务,国际权威机构的活动,尤其是国家的立法活动不过是社会通过创造国家这一中介性联合体而为的活动"。因而,对于埃利希而言,并不存在祁克所作的法的类型分类,因为,所有的法都是社会法。生活无法反映出绝对孤立、个体的人,法律自然也无法认识和反映出这种存在形式。因为,法律总是将人看做生活于无数联合体之一里的单独一员。然而,可悲的是,由于私法的法学分析方法,私法上的这些人所属的联合体总是被分解成一块块细小的部分,"这可能对于实践目的来说是必要的,但是,这无论如何也是不科学的……"①出于科学的法社会学认识之目的,必须把这些分离的部分整合为一个整体。而且,这种重整也是可行的,因为事实上,整个私法都是联合体的法律,私法(除家庭法之外②)完全是经济生活法,而经济生活完全在联合体内进行。这一点可以通过经济生活的主要构成流程,即产品生产、产品交换和产品消费的职能具体论证。

论证了家庭内部的社会联合体属性后,埃利希又论证了契约的社会属性,尤其是对个人契约的社会演进过程进行的论证表明:"个人契约远非各方当事人个人意愿的结果……而完全以社会和经济预设为基础。"③同样,继承法也不能脱离它所存在的社会时空。在私法领域中,法律同样也是社会联合体的内部规则,其内容取决于这些联合体结构的绝对必要性与经营经济企业的方式。法律与社会、经济的变化相随相伴,法律因社会、经济的变化而变化。如果法律变化不合规律,恣意而为,则社会、经济制度即会遭致毁坏,以致最后无法弥补。"因此,即便是外国的征服者……还总是留给农民一定的收益,可以让农

---

① [奥]尤根·埃利希:《法律社会学基本原理(Fundamental Principles of the Sociology of Law)》,九州出版社 2007 年版,第 88 页。

② [奥]尤根·埃利希:《法律社会学基本原理(Fundamental Principles of the Sociology of Law)》,九州出版社 2007 年版,第 88 页。

③ [奥]尤根·埃利希:《法律社会学基本原理(Fundamental Principles of the Sociology of Law)》,九州出版社 2007 年版,第 100 页。

民获取维持他们的经济活动所绝对必需的物质条件。"①因而,同狭义公法以及其他具备明显法律特征的规范法一样,私法也是在创立各色各样的联合体,而不是创设个人的权利和义务。在此,埃利希指出,虽然有机社区中个人之间也会出现个体领域,但这是组织性(organization)的一种反映,这种反映在公法领域中也并不少见。在埃利希看来,"隐士或许拥有涵括社会学、法学和经济层面的真正意义上的'个人空间',但是,生活于人群之中的人则绝不可能如此"②。

对于埃利希而言,所有的法律规范都具有社会属性。这是因为,所有的法律规范的内容都是社会属性的,即便是真正的个人权利也不能脱离其社会语境而任意发展。对于联合体的内部秩序过程而言,道德、宗教、伦理习惯、礼仪等非法律规范也具有重要意义。也就是说,因为任何联合体的社会属性,任何一个法律联合体都不可能完全依靠法律规范的方式来维系其存在。埃利希指出,"对我们周边日常生活进行一瞥即知,没有任何一个国家、政府,在任何时候有可能完全依靠法律进行统治……"③这一判断不仅仅适用于公法领域,或具有公共属性的领域联合体,如军队、议会等内部秩序的维持,还适用于私领域中联合体秩序的维系,比如家庭、财产以及契约等领域秩序的维系都不仅仅依靠法律规范,而要依赖法律规范与非法律规范

---

① [奥]尤根·埃利希:《法律社会学基本原理(Fundamental Principles of the Sociology of Law)》,九州出版社 2007 年版,第 108 页。

② [奥]尤根·埃利希:《法律社会学基本原理(Fundamental Principles of the Sociology of Law)》,九州出版社 2007 年版,第 110 页。

③ [奥]尤根·埃利希:《法律社会学基本原理(Fundamental Principles of the Sociology of Law)》,九州出版社 2007 年版,第 116 页。

的共同作用来维系。在埃利希看来,"在一个成员之间相互主张法律权利的家庭,作为社会与经济联合体是早已解体了的……法律滥用的禁止表明,即便是物权,其行使也必须注意非法律规范……契约必须依据诚实信用和商业习惯的要求来解释和履行……"①

接着,埃利希在以上分析的基础上指出,法律是国家或政治、社会生活、智识生活和经济生活的秩序,但不是唯一的秩序。其他一些秩序具有与法律相等的价值,甚或整体而言较之法律具有更强的效力。单纯由法律进行规范的生活是地狱②,非法律规范不会被一直遵守,法律规范也同样如此。但无论如何,法律规范和诸多其他规范一道维系着社会行进的过程,虽然这一过程中总有起伏与颠簸,但只要对这些秩序的违反还在一个范围内,联合体的秩序就可以得以维系。而一旦突破这一范围,那么,可能出现的情况或可能是局部或暂时的混乱,或可能是新的发展阶段的到来。

也就是说,对于埃利希而言,他所表明的"法"本身具有一定的法的外部性(extra-legal)属性,即作为一种制序规则,法在实际中与其他规范一起共同发挥这种组织作用,法外规范的效力往往较之法的效力更强。法律规范与这些法外规范一道维系着社会联合体,包括法律联合体的稳定,并共同构建着从纯粹公领域,如国家、军队、议会到家庭、婚姻与继承等领域的秩序。

---

① ［奥］尤根·埃利希:《法律社会学基本原理(Fundamental Principles of the Sociology of Law)》,九州出版社 2007 年版,第 116 页。

② 这恰如麦考利所指出的,天堂是没有法律的。

三、法运作的内外保障

埃利希从正面说明了法的实际运作,即一种与法外规范共同运作的模式,但是,埃利希也指出,社会规范常常会被违反,法律规范也同样如此,但这不是也不应是常态。社会规范的常态是规范得到遵守? 那么,这就涉及到一个问题,即规范为什么会得到遵守的问题。为解释这个问题,结合之前社会规范的定义展开论述,埃利希首先点明主流的法源理论存在问题,这种法源理论认为,法律规范由社会中占统治地位的群体创制了法律规范,并出于自身利益而保障法律规范的强制执行。这种法的起源理论甚至被用以解释诸如道德规范等其他社会规范的起源。埃利希依据自己社会规范是联合体内部秩序的理论指出,这种寻找源头的理论是荒谬的。他认为:"在一定程度上,联合体内统治集团的利益肯定与整个联合体的利益相一致,或至少与联合体内大多数成员的利益相一致;因为如果情况不是如此,其他成员则不会遵守这些由统治群体创设的规范。"[1]但是,即便如此,这里也提出了一个问题,即对于包括法律规范在内的社会联合体规范如何实现其有效的运作? 即如何使得每一个联合体成员都遵守联合体的的规范?

埃利希对这个问题的回答实际上是对法的制裁(sanction)特性(peculiarity)论提出了批评。在埃利希看来,这种理论存在两方面的错误:首先,如果人们没有暴力犯罪仅仅是因为他们

---

① ［奥］尤根·埃利希:《法律社会学基本原理(Fundamental Principles of the Sociology of Law)》,九州出版社 2007 年版,第 124 页。

害怕刑罚,那么就无法解释为什么在战争以及国内混乱期间,犯罪也总是仅涉及到极少数人的参与? 而要是说和平时间人们履行其义务是出于对强制执行的恐惧,那就更为荒谬了。其次,伦理、宗教、道德、礼仪、礼节和时尚等规范对特定联合体而言都具有一定的强制意义,这些规范构成了人类联合体的秩序,"规范所用的一切强制都基于个人永远都不可能是孤立个体这一事实……对于每个人而言,国家、国土、宗教团体、家庭、朋友、社会

鲁道夫·冯·耶林:19世纪西欧最伟大的法学家,也是新功利主义(目的)法学派的创始人,其思想不仅对西欧,而且对全世界都产生了巨大的影响。

关系和政党都不仅仅是一个词汇……"①每个人都生活在各种各样的联合体中,这些联合体提供了成员一生命运的诸多机会,但是就成员与联合体的关系而言,二者之间的服务却是双向的。联合体向个体提供身份认同感,而个体成员则必须以遵守联合体的内在秩序为条件进行交换。否则,这个个体将被这个联合体所排斥。也就是说,规范的强制力和制裁的社会根源在于社会联合体,而这里的规范包括了法律规范,也包括道德、伦理、荣誉、宗教、礼仪、礼节和时尚等规范。这种社会学意义属性的相似,也就解释了为什么耶林(Jhering)在柏林《风采》杂志所发表的《时尚的社会动机》和《着装的社会动机》会被他删

---

① [奥]尤根·埃利希:《法律社会学基本原理(Fundamental Principles of the Sociology of Law)》,九州出版社 2007 年版,第 128 页。

改之后收入其《法律的目的》一书之中①。

接下来,埃利希具体指出了法律规范得以运行的强制力,并特别对社会强制力进行了分析。他列举了婚姻、契约、英国工会制度、企业内部章程等来说明社会强制对人们遵守法律的重要意义。其中,埃利希特别以现代罢工制度为例对联合体成员所遵守的规范变迁进行了说明。埃利希指出,在工会成立之前,工厂的工人之所以履行劳资合同中的所有义务,乃是基于他所属的社会联合体关系,即工厂联合体内的同事关系或是上下级关系。但是,工会这一新的联合体的产生使得工人具备了一个新的联合体身份,这一新生的联合体之决定所以能够取代先前的联合体规范,是因为这些规范是由与他们关系最密切相连的新联合体所创设的。这个时候,正如埃利希之前所说的那样,联合体的秩序到了重新建构的时候,旧有的劳资契约关系被新的联合体规范冲毁,因而需要重新建构,以重新获取和平的秩序。

那么,对于法律规范而言,制裁(主要包括刑罚和强制执行)的重要性有多大呢?对此,埃利希对主流的认识都作了批判。他指出,通常假设制裁赋予了法律规范应有的法律效力,但是,"即便是对生活的粗略观察也足以使我们相信,这两种制裁形式仅在有限的范围和特定情形下才很重要"②。为具体说明这一点,埃利希分别就刑罚和强制执行问题展开了阐述。埃

---

① [奥]尤根·埃利希:《法律社会学基本原理(Fundamental Principles of the Sociology of Law)》,九州出版社 2007 年版,第 130 页。

② [奥]尤根·埃利希:《法律社会学基本原理(Fundamental Principles of the Sociology of Law)》,九州出版社 2007 年版,第 138 页。

利希指出，对于刑事违法而言，"如果不考虑个别个案，而仅考虑刑事法庭的日常工作的大部分，我们就会发现，刑法几乎完全是针对那些因出身、经济压力、教育缺失或道德堕落而被排除在人类联合体之外的那些人"①。国家的强制仅在其成员受到非成员威胁的情况下才发生，而无论这种威胁是因为这个国家或是因为这个个体。而由此可以肯定的是，制止犯罪其实是恢复联合体的内外有序的秩序，那么，最有效的途径显然是将那些被社会联合体所排斥者重新拥抱回来。

同样，强制执行也仅发生在极个别的情形下。埃利希指出，在一般的契约履行中，强制执行是无关紧要的。只有在金钱之债的情况下，强制执行才有社会意义。但即便在金钱之债的情况下，强制执行所运作的范围也是极为有限的。因为："在一个发达的经济体系中，如债权人不得不考虑实施强制执行的可能性，那么，一个人是不会被放心地授予信用的。"②而信用的是否授予，则可以通过各种调查来实现，普通信用授予可通过日常经验判断，而商业信用授予则可通过有组织的调查判断。如果调查结果认为可能出现诉讼或强制执行，那么信用授予就不会发生了。但是，安全提供信用并非要对强制执行的结果进行有效的预测，它更类似在债权人授予信用时所愿意相信的一种人身地位归属的描述，这种描述可使债权人确认债务履行的肯定性。而对此无可靠陈述者，则只能进行现金交易或担保交

---

① ［奥］尤根·埃利希：《法律社会学基本原理（Fundamental Principles of the Sociology of Law）》，九州出版社 2007 年版，第 138 页。
② ［奥］尤根·埃利希：《法律社会学基本原理（Fundamental Principles of the Sociology of Law）》，九州出版社 2007 年版，第 140 页。

易,但是,现金交易和担保交易因为物的占有的移转而使强制执行完全成为虚设。而从债务人方面而言,履行债务关系着他的信用,也就是他的声誉、社会地位和商业关系,所有这些对于社会主体而言至关重要。这也揭示了为什么"即使那些因为股票交易差额所产生的不能强制执行的债务,通常情况下也不会被支付"①的原因。此种情况的极端例子就是高利贷。高利贷规则的无效性恰恰表明,即便在没有强制执行的情况下,被勒索的人也会被迫偿还债务。商业信用协会也以报告表明,即便完全没有强制执行,纯经济强制方式,即联合抵制和列入信用黑名单的做法,也可以有效地保障债的履行。因此,埃利希认为,"如刑罚一样,强制执行也只为那些极为落魄之人和社会驱逐之人存在"②。然而,换言之,此类人群对秩序所造成的破坏较之正常情形,无论如何都是微不足道的,因而也不能证明法律存在的价值在于为针对这些秩序破坏因素而提供保护的命题。

埃利希指出,国家强制秩序的效力仅限于保护人身、保护占有权和对身处社会联合体之外者的请求权提供保护。国家为维护法律而做的其他事情意义极小,并且,历史和现实都表明,即便没有任何强制,社会也不会分崩离析。古波兰共和国以及今天的东方社会中,贸易对秩序的维持;德国和奥地利非法律因素对秩序的维持;匈牙利、南意大利和西班牙海盗时代秩序的存续都证明了非法律因素对秩序维护的意义。甚至在

---

① [奥]尤根·埃利希:《法律社会学基本原理(Fundamental Principles of the Sociology of Law)》,九州出版社 2007 年版,第 144 页。

② [奥]尤根·埃利希:《法律社会学基本原理(Fundamental Principles of the Sociology of Law)》,九州出版社 2007 年版,第 144 页。

当代,也不乏完全由联合体的内部秩序维系的社会例证,如那不勒斯和西西里。埃利希甚至援引了诺伊德克(Noeldeke)教授对6世纪时阿拉伯人的研究来做个例,"……在阿拉伯人当中,没有国家形成的痕迹。氏族、部落是具有崇高权威的道德单位,但是,它们并没有任何的强制权力(power of coercion),拒绝参与氏族或部落事业者可能招致嘲笑,甚或侮辱,但不存在对他的强制手段……"[①]人类社会起源的研究表明,真正的法律强制很少对小型联合体内部成员适用,一般而言,每个人都会毫无异议地遵守家庭或氏族的规范,否则就会遭致联合体的驱逐,而这种驱逐对个体而言是巨大的不幸,即荷马所描述的"没有手足之情,没有家园,没有法律"[②]。即便是今天,法律的效力也给予个人所构成的联合体对其所施加的默默的、未曾中断的影响之上。也就是说,即使在今天,本质而言,法律也与宗教规范、道德规范、伦理规范、礼仪规范等相关联。被法学家习惯视为法律秩序基础的惩罚和强制不过是针对联合体外成员的极端情形。

但是,这一流行观点由何而来? 埃利希分析了这种错误结论所得出的那些正确的观察。在埃利希看来,确有一部分法律,其效力由国家强制力维系,这部分法律虽然数量不大,重要性不高,但却是法学家们最感兴趣的,因为法学家对法律的关注往往以强制成为必需时为条件。另外,也确实存在许多规

---

① 〔奥〕尤根·埃利希:《法律社会学基本原理(Fundamental Principles of the Sociology of Law)》,九州出版社2007年版,第148页。

② 〔奥〕尤根·埃利希:《法律社会学基本原理(Fundamental Principles of the Sociology of Law)》,九州出版社2007年版,第151页。

范,如果没有惩罚或强制执行这些制裁形式,就不会被遵守。这样的法律主要包括警察法规范(Max Ernst Mayer),除非依据它作出裁决,否则便不为人知,而似乎"只有通过裁决,它们才成为行为规范,于是,这些裁决似乎是法律的真正颁布,并且,不知法不免责规则也似乎落实了它的真正意义"①。然而,另外的一种情况则是国家的税收体制和军事体制,如没有国家的强制,这被视为国家生活基础的东西似乎不能存在。事实上,这种逻辑的出发点乃是国家与相当部分社会的有意对立,但这并不符合历史的演化事实,甚至不符合当今世界中一些国家的实际情形,在那里,"整个军事制度和国家所需的大众服务都是通过社会方式组织的"②。在埃利希看来,将法律视为强制性秩序的观念片面强调了效力完全来自国家的那部分法律,而这只不过是法之全部景象的一个边角。相反,社会生活中发挥作用的法律多是通过人们自觉地遵守实现的,因而,国家制定的法律与大多数对立的观念也并不能成立。因为包括法律规范在内的社会规范,总是源自一个联合体,并且,联合体成员一直既是主动,也是被动的。在这种互动之中,遵守规范的习惯型塑了个体的性格,其整个特征很难或无法被其他社会影响所抵消。也就是说,社会联合体规范塑造和培养了人们在联合体中所应当或可以具备的个性。而超出联合体,所有的规则就不再具备效力。

---

① [奥]尤根·埃利希:《法律社会学基本原理(Fundamental Principles of the Sociology of Law)》,九州出版社 2007 年版,第 152 页。

② [奥]尤根·埃利希:《法律社会学基本原理(Fundamental Principles of the Sociology of Law)》,九州出版社 2007 年版,第 154 页。

　　但是,有一些规范确实具备普遍的效力。也就是说,至少存在一些法律规范,它加诸所有人以义务,并且,这种义务在每一个人与他人交往时都有效。一些世界性宗教宣称其教义对全人类有效,现代人的道德也主张其道德超越同一民族的限制,这些现象有何意义? 埃利希指出,这种现象所表明的是通过各种各样的形式,整个世界日益成为一个巨大的联合体。对于法律规范而言,尤其是对于现实中成为活法基本原则的尊重人的生命、自由和财产而言,整个人类群体已经成了一个法律联合体。尽管这一判断并不适合如契约、刑法等具体的法律规范,但它仍然具有重要的意义,这种意义在于"至少在世界的精英人群中,存在着一种包容所有人的道德观念,存在着一种不受任何边界限制的法律观念,虽然它目前不过还仅是一种承诺更加美好未来的崇高美好的梦想,但它却在人类高度文明之所在,在确保每个人的生命、自由和财产范围内实现了"①。

　　埃利希对法的运作的分析显然受到其价值体系的影响,生活在一个并没有太多有效法律的区域,埃利希总是希望规范的效力可以通过法外规范的效力而实现,在切尔诺维茨这个多民族聚集,各种矛盾蔓延的地方,埃利希有着类似马丁·路德·金似的梦,即对一个美好未来的渴望,而最低程度上,则表现为对生命、自由和财产的秩序保障。这也就体现了埃利希所宣称的法概念,是一种导向"和平"的法概念的现实渊源。而这一点,在埃利希分析法运作的内外保障时表现得透彻淋漓!

---

　　①　[奥]尤根·埃利希:《法律社会学基本原理(Fundamental Principles of the Sociology of Law)》,九州出版社 2007 年版,第 168 页。

第三章　国家与法的关系

第一节　法所指向的事实

一、法源的二元论批判

在法的渊源问题上,埃利希所在时代主流法学观点,尤其是法源的纯粹法学观认为,只有制定法或习惯才是法的渊源,这就是法源的二元论。埃利希指出,这种有关法律效力来源的认识源自法律和法律强制一开始就存在的认识。这种狭隘的观念认为,没有法律和法律强制的人类共同生活是无法想象的,"非由当局主持或至少在其监督下的家庭、不受法院保护的财产、不能据以起诉或至少可作为抗辩事由的契约以及不能通过法律方式获取的遗产,在法学家看来都超出了法律领域,不具有任何法律上的意义"。这种法源理论显然基于《民法大全 (corpus iuris civilis)》和《教会法大全(corpus iuris canonici)》,即仅承认法律和除此之外的习惯法是法的渊源,而其认识论基础则是排中律,即非制定法的所有法都是习惯法,而习惯法的概念则陷入循环解释,即那些非制定法性质的法。尽管历史上也并不乏试图增加其他法源的尝试，但是，却没有一种此类尝试取得成功。这些被尝试视为第三类法源者包括科学或者司法惯例；当事人间通过协议或惯例交易确定的规则（konventional-regel），或商业惯例（usance）。

埃利希指出，关于法的渊源问题，这些尝试的功败垂成显得最让人痛惜，他们在与二元法源论作斗争的过程中，并没有在本可以有所发现的地方寻找困难。而在法源的认识问题上，必须清楚的是，这不是法官或行政官员所必须适用的法律规则如何必须以某种形式约束他们的问题，也就是说，法并不是由法律命题构成①，而是由活生生的法律制度构成。要阐明法的渊源，就必须能够说出诸如国家、教堂、家庭、契约和继承的形成、变化和发展过程。虽然法和法律关系存在于意识层面，但却形塑于现实。也就是说，法和法律关系以现实中所存在的事实为基础，而这些事实在人开始形成法和法律关系的观念之前必定已经存在②。这里，埃利希将法的渊源问题的探求转化成了另外一个问题，即在法律发展过程中，哪些事实层面的制度变成了法律关系？这种转变通过何种社会过程予以实现？

这是并不显眼的总括，但埃利希在这里以提问所谓的导引，事实上完成了一个对传统二元法渊源理论的全面批判，事实上，是完全颠覆了这一主流认识。因为，在埃利希看来，法的渊源问题其实已经完全与法律这个烙着权威印记的概念无关了，它已经从主观层面走入客观的事实层面。法的渊源问题不

---

① 关于法律命题和法的区分，见第二章。
② 虽然埃利希多处批判马克思、恩格斯的思想，但是很显然，其法社会理论多带有马克思主义历史观和世界观的倾向。

是人们所想象的与国家机器以及部件相关联的宣称与表达,而是活在社会联合体的演变过程中时时刻刻发挥着作用的那些事实,尤其是那些关键性事实。在埃利希看来,这些关键事实包括习惯、支配、占有和意思表示。这些源自各种各样完全异质的事实,经过提炼后,逐渐地为社会所接受,并将其作为一种满足经济和社会需要的恰当方式,从而成为社会秩序的一部分,成为社会组织的新形势,从而成为一种社会关系,从而在可能的情况下,成为一种法律关系。

而接下来的任务,则是具体阐述这些事实如何产生、发展而成为法的渊源。

二、习惯、占有、支配、意思表示的演化史

埃利希首先分析了习惯对联合体秩序作用的维系。在埃利希看来,这里的习惯(usage)不是习惯法,也不是指法律命题的习惯性适用,其含义在于"过去的惯例应成为未来的规范"①。习惯创造了所有原生型联合体的秩序,即便在今天,家族和家庭中,习惯也发挥着这种作用,因为家庭或家族在埃利希的理论中都可能是某个社会成员所归属的原生型联合体。即便在一些发达的联合体中,习惯虽并不创设所有的秩序,但其规范

特奥多尔·茅姆森(1817—1903),法学家、历史学家,诺贝尔奖得主,以罗马史研究而闻名。

① [奥]尤根·埃利希:《法律社会学基本原理(Fundamental Principles of the Sociology of Law)》,九州出版社 2007 年版,第 174 页。

性却仍然存在,只不过,在不同的历史时期,在不同的联合体中,这种规范性的效力并不相同而已。如在人类早期历史时期,习惯实质上在所有的地方性联合体和国家中都具有规范性。即便是在高度发达的共和国中,国家机构的宪法地位也仍然可能基于宪法之上,比如罗马共和国或大不列颠。比如茅姆森在其《罗马国家法》中也只能阐述罗马地方官员的职责取决于传统习惯,而如果要阐明英格兰公法,在埃利希看来,似乎也只有这一方式。

虽然当今的联合体都具备了基于协议、联合体章程、法律命题和宪法为依据的秩序,但习惯仍然具有查缺补漏的意义。对于那些未被协议、联合体章程、法律命题或宪法规定的成员地位和职责,习惯发挥着类似今天法律原则的作用。但这种作用如何发挥?埃利希借用耶里内克的话作了回答,即"通过事实层面的规范力量发挥效用"①。也就是说,习惯在联合体中的制序(ordering)和调整(regulative)力乃是基于它反映了联合体中各方力量的均衡(equilibration),并且,它总是反映出各种力量的最终均衡。那么,这种作为将来规范的习惯如何产生?埃利希的力量均衡说对这个问题进行了回答,也就是说,新做法如没有招致其他力量的对抗,那么,这种新的做法就成了作为未来规范的习惯。举例而言,习惯产生于"处于特定地位的某人要求一定权利而未遭反对之时;产生于被分配某项任务之人

---

① [奥]尤根·埃利希:《法律社会学基本原理(Fundamental Principles of the Sociology of Law)》,九州出版社 2007 年版,第 176~178 页。

毫不反抗地履行任务之时；或产生于反抗被镇压之时……"①在复杂程度不一的联合体中，此种意义上的习惯的决定因素也不同：如原生型联合体中的体力、精神力量、经验、个人威望和年龄；其他联合体中的财富、出身和个人关系等。而今天看来，家庭的秩序仍然主要依靠习惯维持，只不过这种习惯在不同的联合体中的表现形式不同而已。

　　但是，在家庭之外的所有其他联合体中，共同生活的经济基础决定着习惯的内容和由习惯所创造的秩序。

　　同样，支配关系也是秩序的一种基础。而支配关系中的表述之一，即上下级关系。而要全面正确认识支配关系，必须区分出联合体中的上下级(superiority and inferiority)关系，以及联合体中的支配与被支配关系(domination and subjection)。后者将联合体分成了统治者和被统治者，而他们则可能分别在共同的联合体内组成各自的联合体。这种支配和服从关系也必须区分成源自家庭关系和源自社会根源的两种不同情形。如此，主流所持的法律使妻子服从丈夫、孩子服从父亲、农奴服从主人的认识显然违背了这些"支配关系"在法律将其作为秩序进行规范构建之前就已经存在的事实。

　　但是，源于家庭关系的支配关系与纯粹源于社会根源的支配关系存在着差别：前者属于同一联合体内的个体成员间的抗争，或至少是属于同一联合体的子联合体之间的抗争；而后者则是联合体对非联合体成员的斗争。但无论怎样，"可以肯定

---

　　① ［奥］尤根·埃利希：《法律社会学基本原理(Fundamental Principles of the Sociology of Law)》，九州出版社 2007 年版，第 178 页。

的是,它们都是经久发展阶段的残余,而不是新发展的开端"①。支配关系表明了一种联合体的归属,而这种联合体的归属则表明了一种身份,一种对外的保护关系,同时,也表明了一种义务。也就是说,所有这种基于支配关系的保护都以被保护者为保护者提供一些利益为前提。统治与被统治关系为统治者的利益而存在,因而,一个尽其所能也仅能维系自己生存所需之必需品的人是没有主人的,因而,在这样的历史阶段,战俘就会遭到屠杀,而不是被转化为奴隶。因而,支配并不仅仅是对一个人的占有和对他人劳动的剥削,而是权力拥有者和服从权力者之间的一种法律上的规范关系。因而,在埃利希看来,"或许最初,所有被视为法律制度的支配都是服从支配者的一种财产利益"②。

而这种关系,需从占有中寻找,而最终,这些都要从主人所可能因之而获取的经济效用来证明。也即是说,无论是支配,还是占有都应当能对支配者或占有者产生经济效用,这是此类事实得以持续的关键。

而就物的经济利用过程而言,物的法律关系显然是无关紧要的,重要的是占有,即"对物实际控制可能性的占有,且这种控制程度乃是我们根据生活经验习惯性所意欲达到的程度……"③于是,占有成为了一个"现实生活问题",支配生活的

---

① ［奥］尤根·埃利希:《法律社会学基本原理(Fundamental Principles of the Sociology of Law)》,九州出版社 2007 年版,第 184 页。

② ［奥］尤根·埃利希:《法律社会学基本原理(Fundamental Principles of the Sociology of Law)》,九州出版社 2007 年版,第 186 页。

③ ［奥］尤根·埃利希:《法律社会学基本原理(Fundamental Principles of the Sociology of Law)》,九州出版社 2007 年版,第 192 页。

行为规则对它起着规制作用,比如"在欧陆共同法中,承租人、借用人和保管人的占有,被契约另一方当事人'依据经验而习惯性地尊重'"①。也就是说,如果要阐明占有在何种意义上成为法所指向的事实? 那么,对这个问题的回答是,依据物的经济目的而使用、利用物者是占有人。每一种法律制度都保护占有者对物的经济利用,而至于是否可以获得相关的法律救济方式,则并不重要。

在埃利希的概念中,占有是具备经济效用的事实,因而,也应当是"法"所指向的事实,而当前有关所有权和其他物权的理论之形成显然受到了经济以外其他因素的影响,这种区分也导致了法律完全忽视了以占有为基础形成的经济秩序,并仅承认以所有权和物权为基础的秩序。这种理论可能源于罗马法对所有权和占有的区分,但重要之处在于罗马法是对需要正当理由之占有的保护,也就是说,重要的是占有,而不是所有权。德国总有权(Gewere)(即占有权)为基础的法律秩序,英格兰法、法国法等都历史地说明了法律所构建的所有权秩序要尽可能地符合占有所体现的经济秩序②。而在这方面,甚至出现了保护非经济方式占有的极端例子,如罗马法保护小偷和强盗通过非经济方式获取的占有。但在现实层面,则只是善意占有人具备法律保护的经济利用地位。有关占有的法,在埃利希看来,是经济秩序的真正法律,也因此是最容易发生变动的法律

① [奥]尤根·埃利希:《法律社会学基本原理(Fundamental Principles of the Sociology of Law)》,九州出版社 2007 年版,第 192 页。

② [奥]尤根·埃利希:《法律社会学基本原理(Fundamental Principles of the Sociology of Law)》,九州出版社 2007 年版,第 196 页。

领域。

接着,根据占有对象所建构的占有内容之差异,埃利希对概念法学派的"对物的绝对控制力"的所有权观念进行了批判。他指出,在这一学说思想下,"仿佛森林法、水法、矿业法、农业法、建筑法和贸易法规统统不存在,仿佛一块林地的所有权与一个笔记本的所有权之间并不存在任何'概念上'的区别"①。但是,这显然是不符合现实物的经济效用,也因而不符合法所应当指向的事实。这种观念显然是伴随着罗马法以及现代不动产法发展过程中,将土地从所有负担中解放出来的假设。但是,这一假设最终将再次被"所有权法"需求与经济目的相符的需求而重新被现实所塑造,并实际成为与占有重合的所有权理念。因而,占有却因为符合经济秩序而成为各处的法律关系。对于法律社会学而言,必须在一定程度上将占有和所有权视为可相互替换的术语,制定法和实用法学当前不作此类区分的现实更使得法律社会学的这种区分成为保障其科学性的必要。

那么,意思表示在何种意义上称为法所指向的事实呢?埃利希以契约和遗嘱处分的意思表示对这一问题进行了追述。埃利希指出,契约法的两种根源,即货物交易/易物交易以及服从他人支配(臣服契约)都伴随着事实的转变,也即伴随着物的占有的移转,或是人的占有的移转。当然,也会存在附属协议,如易物契约情形下"物来源正当"的保证,以及臣服协议中债务清偿,即获自由的默契。在后者的情形下,显然债务的重要性

---

① [奥]尤根·埃利希:《法律社会学基本原理(Fundamental Principles of the Sociology of Law)》,九州出版社 2007 年版,第 210 页。

要大于责任。而在通过占有第三人或占有他物而保障的债务中，契约债务与构成契约之主体或客体分离，也即与人或物分离，而这代表了契约责任的发展方向，即在埃利希看来，"契约责任的所有进一步发展都是责任与责任对象占有之渐次分离，而责任对债务内容的渐次接纳"[①]。也就是说，契约法的发展，将使责任不再因占有产生，而是产生于契约。契约之债的债权人获得的是一种独立于占有的、由契约之债的内容所决定的，针对债务人的人身或财产可强制执行的权利。而直到这种责任与占有完全分离之时，信用契约才有了产生的可能性，其时，信用契约也将易物契约变成了诺成契约。这种演化也使现实的经济生活更具活力，也就是说，在埃利希看，债（debt）或义务（obligation）较之责任（liability）对经济生活更具意义。契约之所以可诉，也恰恰是因为它们在现实中被人们履行，而不是相反，即不是因为可诉，所以人们才履行契约。这也就解释了为什么非正式契约也可诉的原因，即非正式契约同样产生债。对于经济生活而言，所有这些契约与法律上可强制执行契约一样重要，因为，"可强制执行契约并不在当局可强制执行的范围内统治着世界，而是在它成为一种行为规则的范围内统治着世界"[②]。这即是说，契约仅在经济和社会需要的范围内才成为法所指向的事实，而一旦孕育它的土壤不在了，作为法所指向事实的契约就会从生活中消失。

---

① ［奥］尤根·埃利希：《法律社会学基本原理（Fundamental Principles of the Sociology of Law）》，九州出版社 2007 年版，第 222 页。

② ［奥］尤根·埃利希：《法律社会学基本原理（Fundamental Principles of the Sociology of Law）》，九州出版社 2007 年版，第 232 页。

三、作为法所指向事实的继承

埃利希显然并不满足于仅仅从法律史和比较法研究中公认结果的文本解读来论证他的法源观点。因而,他的目光指向了继承法,指向了主流法学学说所主张的继承法源于家庭共同所有权的学说。

埃利希从继承法的早期历史入手,首先区分了两种继承发生的情况:一为有家庭共同体的亡者遗产继承问题,另一种则是亡者独具法律人格的遗产继承问题。在继承法的早期历史中,第二种情形因为独居生活的经济困难而鲜有发生。而在第一种情形下,继承实际上也仅涉及到动产的继承,这种秩序的形成基于死者的家庭共同体成员对其遗产的占有,而这种占有在死者亡去的那一刻即发生。这种情形可以从"18世纪的俄国人、波兰人、马索维亚人、捷克人和摩拉维亚人仍不知旁系亲属继承权为何物"①的事实中得到印证。14世纪斯拉夫法典对旁系亲属继承权的有限承认则表明,这种继承权是一种新生事物。当然,国王对这种权利的有意限制可能是导致其迟延发生的重要原因。然而,这些均表明,遗嘱处分直到很晚才成为有效的死因处分。而之前,则是通过对陌生人的接纳来实现遗产分割的内容变化。之后出现了死因赠予以及信托继承,而死因赠予和信托继承都涉及占有的移转,这种状况一直延续到遗嘱的运用,届时处分才成为一种独立于继承法的事实。

---

①　[奥]尤根·埃利希:《法律社会学基本原理(Fundamental Principles of the Sociology of Law)》,九州出版社2007年版,第236页。

对于继承法的经济意义而言,显然较之其他法律制度并不明显,并因家庭类型而异。比如农民家庭中的继承,其经济事业持续的继承意义就更为重大。而同样重要的可能是男子对亡者事业的继承,这在那些长子继承制广泛适用的时空尤为明显。总结继承的意义时,可以发现,这种制度的非经济因素成为继承法的重要考虑,继承法可能出现与经济因素的严重疏离,这些非经济因素包括了家庭、教会、公共福利等各方面的考虑。

但是,即便如此,必须指明的是,国家、教会、教育、艺术、科学等非经济因素对法的形塑具有重要意义,但追问下去,经济状况是每一种非经济活动形式的先决条件,因此,"对经济秩序的理解是理解社会秩序其他部分的基础,特别是理解社会法律秩序的基础"①。

四、终极事实——联合体和占有

在对习惯、支配关系、占有和两种意思表示分别进行考察分析后,埃利希仍试图找出他法概念下的最初法源,即所有的法律事实都可以追溯到两种基本的法律事实——作为主体,由习惯联结并调整的人类联合体;作为客体,在联合体内成为法律关系的社会关系的占有。

这种终极的考察显然要追溯到尚不存在支配关系的人类联合体时代。那个阶段,性别和年龄的差异促生了联合体内的联

---

① [奥]尤根·埃利希:《法律社会学基本原理(Fundamental Principles of the Sociology of Law)》,九州出版社 2007 年版,第 242 页。

合体,而习惯则是唯一的规整因素。即便在今天,习惯也是规整人们所属的原生型联合体(家庭)的秩序基础,并且"组织得越好,越亲密的家庭中,越是如此"①,而契约不过是在原生型联合体解体之时才会出现。也就是说,在所有的法律事实中,习惯是唯一的、最为原始的一个,仅由它所规整的联合体是原生型的。而占有和契约的出现意味着更高级别联合体的出现,并且占有要早于契约。

埃利希指出,人类整个经济和社会秩序都建立在习惯、支配、占有和处分这少数的几个事实之上,这些事实决定人类社会中人类联合体的行为规则,而这些规则显然并非都是法律规则。在联合体由低级到高级演进的过程中,新的秩序被创造,但旧的秩序也必须被接管,因而"相信国家目前在任何地方都创造秩序的想法简单且极端浅薄……"②社会和国家中的生活更多地依赖于联合体的秩序,而不是依赖于源自国家和社会的秩序。

但秩序仍然会因为形成的过程而保持一定的一致性。这一方面因为各种联合体经济和社会生活状况的相似,另一方面也由于规则的直接移植。而这些都并不违反联合体秩序的构建,作为法所指向的事实,首先应当是社会性的,也即会经常发生、日益恒久、日益重要。而这时,社会则可能接纳它成为一种秩序,之后,这一事实则成为了一种社会关系,在某种情况下,它

---

① [奥]尤根·埃利希:《法律社会学基本原理(Fundamental Principles of the Sociology of Law)》,九州出版社 2007 年版,第 244 页。

② [奥]尤根·埃利希:《法律社会学基本原理(Fundamental Principles of the Sociology of Law)》,九州出版社 2007 年版,第 248 页。

还可能会成为法律关系。

第二节 法律命题的产生与结构

一、裁判规范(norms for decision)

在埃利希法社会思想中,裁判规范具有重要的过渡意义。由联合体的内部秩序衍生的法律事实,以及由此建构起来的法的秩序,事实上还没有触及到国家法的层面,也无法对国家正式层面上的法(埃利希称之为法律命题)进行深刻剖析。埃利希法社会学的视野是功能性的,即关注现实层面的纠纷解决,且以联合体及其内部秩序为基本的概念起点。因而,如何从如此广义的法概念过渡到对国家正式层面规范的分析,就需要一个中介,而这个中介,在埃利希法社会学思想中,就是裁判规范的概念。根据功能化的解读,裁判规范也就是裁判机构——无论是官方还是非官方,正式或非正式的——作出判断所遵循的行为规范。埃利希在展开对国家层面的法律命题(legal proposition)进行分析之前,首先对这个重要的过渡概念进行了阐释。

仍然运用历史主义的分析进路,埃利希一开始就给作为裁判机构的法院作了定位,他指出"法院从来就不是作为国家的机构而产生,而是作为社会的机构而产生的"[1]。在埃利希这位和平渴望者眼里,法院之功能主要是对和平的追求,即一个人

---

[1] [奥]尤根·埃利希:《法律社会学基本原理(Fundamental Principles of the Sociology of Law)》,九州出版社 2007 年版,第 236 页。

或一群人通过对他们无涉其中的争议事件给出裁断,以维系秩序,即和平。由产生之初来看,它自然具备国家属性,然而,历史的流程也完全展示出,法院从未完全是国家的。即便是今天,它也没有完全转变为国家的机构。埃利希指出,从纠纷解决这一功能的视角来看,我们必须要考虑诸如荣誉法院、纪律法院、仲裁法庭、社团法院、调解法庭等执行着社会性司法职能的各色各样的机构。但埃利希指出,这些机构所作出的裁决虽然受到国家法院的审查,但是,总体而言,它们的裁判往往是具备效力的。这种效力的来源在某种程度上与国家法院一样,即它们遵循着一种具以裁判的规范,这种规范就是裁判规范(norms for decision)。本质而言,它也是行为规则,只不过专门规范裁判机构,即裁判机构裁决时所遵循的规则。

那么,为什么根据裁判规范判断而作出的裁决往往就具备拘束力,可使争议双方接受呢? 这实际上就是裁判规范的来源问题。也就是说,裁判规范的根源是什么。埃利希指出,裁判之所以出现,往往是联合体内部的秩序遭到了破坏,而裁判机构对争议作出裁断意味着要回复到有序的状态,即裁判所要界定的争端范围应 " 按照争端发生之前的状态进行界定……依据争端开始时即已存在的联合体的内部秩序 " ①进行界定。而根据之前的阐述,我们很容易知道,埃利希将这里裁判所依赖的秩序置换成了法律事实,即占有、契约、社团章程和遗嘱处分,等等。只不过这里的事实所建构的秩序和常态下所建构的秩

---

① [奥]尤根·埃利希:《法律社会学基本原理(Fundamental Principles of the Sociology of Law)》,九州出版社 2007 年版,第 258 页。

序并不相同。也就是说,即便裁判官对某些联合体的内部秩序极为熟悉,他也并不能直接依据这些秩序所赖以形成的事实进行裁判,但一旦争议提交到他的面前,他就有义务作出裁判,以定分止争,这就要求法官必须有一套其自身掌握的,独立于联合体内部秩序的裁判规范。

但可以肯定的是,法官据以作出裁判的规范与联合体中的各种关系有着至关重要的关联。

埃利希通过一般化(universalization)和约一化(reduction to unity)两个概念将裁判官的裁判规范与联合体的内部秩序建立起了这种可以进行阐明的关联。也就是说,虽然联合体内部秩序各不相同,各种事实和各种关系也绝无完全重复之可能。但裁判功能的履行却必须依据规则来判断社会关系,而一般化就是根据特定地域盛行的同类型关系形式来裁断的过程,这种裁判的一般化一旦和国家主权相结合,并以正式的司法表现出来,则这一过程就成了根据国家特定区域或特定阶级中盛行的关系形式来确定国家的社会关系。而在这个过程中所确定下来的社会关系,就成为了特定区域或特定阶级在特定联合体中的一般规范,而法院通过认定与一般规范相冲突的规范的无效性而实现各种情形差异的祛除,实现统一,而这一过程即约一化。

但在埃利希的理论框架中,经过一般和约一过程促生的秩序只是外观统一的外壳,而不是统一和一般的活法,个体的差异和地区的差异仍然在这种统一的表象下存在。这种差异与统一的规则一道建构着联合体的内部秩序。也就是说,埃利希这里所说的联合体的内部秩序构建,非法律规范也需要统一、一般的法律规范来维系。这些常态下的规范构建的秩序自然是联合体的常态秩序，而法官据以裁判的秩序只不过"发生在特定时间"的非常态秩序。也就是说，法官据以裁判的依据，即裁判规范所赖以形成的秩序是一种"已死"的秩序，而"活"的秩序不会进入裁判者的视野，或不需要裁判者的判断。

为什么如此？埃利希从联合体正常状态的秩序开始解释了这一过程。正常状态下，联合体只是提供了各方可以预见的规范，而新情形的出现常常需要新的规范来调整联合体的内部秩序，尤其是新情形所涉及的各方关系。但是，一般情形下，由于联合体的内部秩序没有这种新情形的调整规范，各方当事人就求助于第三方进行裁断，而这个第三方显然也无法在这个联合体内部找到答案，因为新、旧秩序的衔接处，是一个规范的断裂点，而法官的坐标恰恰在此。法官必须作出裁判，那么就必须存在作出裁判的规范。这里需要注意的是，特定联合体中的纠纷出现时，该联合体中的内部秩序已经失范，没有了规整的力量，因而法官必须超越这个内部秩序而寻求裁判规范。他必须基于纠纷当事人从未考虑的事情进行裁决，而这个裁决之后则可能形成新的联合体秩序，从而代替旧的秩序。因而，我们所预设的是一种"已死秩序"的诉讼。

除了以上的一般化和约一化之外，另有一类群体的裁判规范源自"秩序冲突"或"权威冲突"。在埃利希看来，不同联合体之间交叉相容的秩序力量之间的持续斗争实际上建构着法官据以作出裁决的规范，这些规范显然并非仅仅是法律性的。也就是说，一个联合体的内部秩序总会带有更高级别，或更强势级别的联合体秩序的印记，这种印记有些可能被法律进行了规范化,而有些则并没有被法律所规范化,但这些规范确实对法官作出规范的过程有着塑造作用。然而,这显然是与主流法学所持的观点——"被违反的规范必定是法律规范,建立法院的目的并非要保护非法律规范"①——并不一致。主流法律理论的这一判断甚至对于国家的司法机构也并不适用,因为"一旦我们思考法院据以作出规范的内在内容……我们就会确信,即便在国家的法院里,非法律规范也发挥着重大的作用"②。为说明这一点,埃利希回顾了历史上罗马法学家、德国法官助理,以及当今英格兰法官诉诸非法律规范裁判的史(事)实。在他看来,法律规范和非法律规范之间的主要区别在于法律规范的稳定性、确定性和对其的社会确信,而与规范的内容无关。因而,即便在今天的欧陆,在法院完全国家化的时代语境下,法院作出裁判必须全部以法律为基础的表象之下,法律仍然承认非法律规范的效力,并且,司法中更加扩展了非法律规范的效力范围。这一过程在罗特马(Lotmar)的《不道德的契约》(*Der unmoralische Vertrag*)一书中有所描述。但埃利希也提醒,法院并不是直接按照非法律规范进行裁判,只不过法院的法官,无论是历史上,还是现世中,无论是英格兰,还是德国、法国的法官,都完全可以胜任自由裁量。这也是必须的,因为审判总要进行,而司法条例也不可能完全完善。事实上,对于非国家的司法机构依据非法律规范进行裁断,人们还是比较能接受的,

①　[奥]尤根·埃利希:《法律社会学基本原理(Fundamental Principles of the Sociology of Law)》,九州出版社 2007 年版,第 236 页。
②　[奥]尤根·埃利希:《法律社会学基本原理(Fundamental Principles of the Sociology of Law)》,九州出版社 2007 年版,第 272 页。

当然,它们的裁判过程中,也有增加规范的效用,并且它们也各自有强制手段以保障裁判结果的执行。

但既然各种司法机构都要寻找裁判规范,那么,为什么数千年来,法律却有着并不如何改变的表象呢? 也就是说,对于法律创制而言至关重要的稳定性规则是如何贯彻其中的呢?埃利希分析指出,法律规范的稳定性建立在社会心理基础上,即相同或类似情形,相同或类似裁决。不过,稳定性规则发挥作用的向度是时间和空间双重属性的。非特殊情况,某一在先的裁判规范不会轻易被忘记,或被推翻;某地法院的裁判规范可能也为其他地域法院所遵守。现代法律中的国家主权原则即以法律规范的稳定性为原则,即特定国土范围内的法院如一使用某一特定的裁判规范,如此,也就使得某一规范适用于根本不符合其情形的案件成为可能,而"此种适用的唯一基础就在于后者类似于已有判例"[1],也就是说,虽然每个此类裁决都是基于一个新裁判规范,"但这个新规范的内容仅仅在于:现有规范可以适用于该案件"[2],即新规范扩展丰富了原规范的内容,而每一次扩展丰富过程所依据的都是依裁判规范的稳定性而为。而经年的扩张和丰富,使法律规范获得了顽强的生命力和巨大的延伸性,甚至这个过程如此地持久和丰满,已经使得法律规范非常抽象和一般,使其能够适用的情形最大化,虽然现实中偶尔也会出现反潮的裁判,但对于可以适用于一切现实

---

[1] [奥]尤根·埃利希:《法律社会学基本原理(Fundamental Principles of the Sociology of Law)》,九州出版社 2007 年版,第 280 ~ 282 页。

[2] [奥]尤根·埃利希:《法律社会学基本原理(Fundamental Principles of the Sociology of Law)》,九州出版社 2007 年版,第 282 页。

的法律规范而言,这些都是可以容忍的,因为,在这里,由于裁判规范的稳定性,它们已经失去了其最初的形式,而成为了法律命题。

但是,如果要对以法律命题形式表征的裁判规范进行讨论,我们需要首先讨论一下国家创制之法。而这里显然先要做的,就是区分法律命题和国家法,在一定程度上,也就是区分制定法和国家法。

二、成文法(statute)与国家法(state law)

埃利希在此首先区分了成文法与国家法,区分的视角是内容导向的,也就是说,在埃利希看来,国家法的要件仅仅是内容上的国家属性,而并不取决于形式上的国家属性。也就是说,对于国家法而言,只能通过国家而产生,且离开国家无法存续。因而,并非所有的成文法都是国家法。因为,有些成文法的唯一功能仅在于为某种法律关系创设内部秩序,此类成文法如联合体章程、企业管理条例等,"契约也不会因为具备了成文法形式就成为国家法,它们仍不过是法律关系的内部秩序"①。国家法也完全不拘泥于成文法形式,它既可以采取成文法形式,也可以采取治安条例、法官法或其他各种形式,比如英国的衡平法。

那么,国家是所有法的渊源的观念如何产生?埃利希指出,这主要是基于四个原因:首先是国家通过立法参与法的创

---

① [奥]尤根·埃利希:《法律社会学基本原理(Fundamental Principles of the Sociology of Law)》,九州出版社 2007 年版,第 288 页。

制;其次是国家通过法院及其他裁判机构参加司法活动;再次是国家通过对裁决机构的支配权,使自己的制定法产生效力;最后是国家通过强制力维系符合法律之事实。

因而,要推翻这个法律来源的观念,就应该从这里的四个原因入手。不过,由于第四个原因对国家法的创制和发展并无影响,因而这里可以忽略。那么,对于埃利希而言,首先需要论证的就是立法和司法的范围是否仅限于国家。

依然以历史为支持,埃利希指出,最初的立法和司法都超出了国家的范围和领域。而司法显然是先于国家而存在的,在以前的论述中,这一点也被埃利希无数次地强调。埃利希以阿卡利斯(Achilleus)之盾的裁决场面,以冰岛的刑法,以前加洛林王朝(pre-Carolingian)时期的法律程序,以罗马《十二铜表法》中的诉讼程序说明了这一虽有固定数量法律规定,但当事人却无义务接受的法律发展阶段。即便如此,这种程序也仅适用于敌对者之间的冲突与纠纷。而对于一些民族而言,这些诉讼几乎不可能是原始时期的唯一解决纠纷的程序。在日耳曼民族中,民族成员之间的矛盾并不需要此种僵化、呆板的程序来解决,因为,在此种近乎原生型的联合体内部,指向和平状态的裁断是主要的,因而这里有氏族首领、家族首领、村落长老者的司法权,这里有村落法院和家庭法院。只不过,这里所存在的友善、非正式的裁决无法引起法学家的任何兴趣,但它们确实存在,并且不仅仅在察洛林(Zallinger)所描述的原始时期的日耳曼民族中存在,在帕赫曼(Pachman)所描述的俄罗斯民族中也存在。

当然,除了这些,纯粹源于国家的法院也是存在的,它们产生于军事首领对其部下的权威和支配权。这显然出于对叛乱和动荡情形的预防考虑。为应对这些特殊情形,军事首领必须要建构起和平时期的权威,而这种权威必然涉及对私人事务的特定司法权。这种司法自然必须依照特定的规则,而不是国王或军事首领的恣意,正如"罗马家庭中的家长确实有生杀予夺的权力……但这种情况是极为罕见的……"①

根据这些史实资料,埃利希顺延地推导出之后的发展阶段:

1.随着旧联合体连接的松散,具亲密关系者之间的争议开始提交到按照规则建立的法院,法院权限向死刑案件之外扩张。

2.国家开始通过各种途径改造法院,使法院掌控在国家手中。

3.国王司法权得以发展。国王的顾问借助特权或其判决的品质(如英国公平正义等衡平原则)成为特殊法院(如法国国会、德意志的国王法院)。

4.源于贫民的非职业法官(陪审员)被排除出常规法院。

5.重新引入大众化因素(陪审员),但这一阶段并不是普及化的。

在埃利希概括的这些司法史中,可以清晰地看到司法国家化的历程,确切而言,是欧洲司法国家化的历程。因为,在埃利希看来,东方国家并没有经历这一过程,埃利希认为,以宗教权

---

① ［奥］尤根·埃利希:《法律社会学基本原理(Fundamental Principles of the Sociology of Law)》,九州出版社 2007 年版,第 296 页。

威为任命基础的东方国家缺乏国家产生的基础,即缺乏足以使整个国家领土处于中央强制执行下的能力,以及缺乏必要的、顺从的行政官员和法官,从而建立起社会层面大众认同心理。同时,由于国家法的抽象性也使得它不可能出现于人类历史的早期。因为,人类只有在发展的高级阶段才可能具备如此的抽象力。概括而言,国家法只有在司法和国家事务都受到一个中心力量指导,且有军事、政治力量保障的地方才能够出现。而这些条件的同时具备在人类发展早期只存在于极少数的地域范围很小的国家。在意大利、德国、法国、英格兰、苏格兰、西班牙和斯堪的纳维亚的法律发展史上,都可以看到这种国家法发生的脉络。

但接下来的问题是,何时"国家有职责并有能力独立创制法律"①的观念在社会层面被普遍接受并生根?"只有国家才能创制法律"②的观念何时获得认同?埃利希回顾了欧洲法律史,对这两个并不为当时法学界所关注的问题进行了解读。他指出,在希腊,除雅典外,各个城邦几乎没有国家法的痕迹。而罗马人何时通过制定法的方式创制法律则很难确定。直至从加洛林王朝崩溃算起的中世纪,国家能够创制或修改法律的观念也还完全不存在。因为,这个时期,一部制定法的颁布决不意味着它是国家意志的宣称,因为,从标准来判断,制定法的最初形式不过是契约,这从英国《大宪章》"……采取授权契据

---

① [奥]尤根·埃利希:《法律社会学基本原理(Fundamental Principles of the Sociology of Law)》,九州出版社2007年版,第310页。

② [奥]尤根·埃利希:《法律社会学基本原理(Fundamental Principles of the Sociology of Law)》,九州出版社2007年版,第310页。

(deed of grant)"的史实中可以印证。国家创制法律的观念不过是起自注释法学派,之后为后注释法学派所强化。尽管这一观念可能与事实并不冲突,因为它来自罗马法的原教义(《国法大全》),但很显然因为历史视野的缺乏,他们忽略了该教义中所可能包含的皇帝党人的政治野心。

在从司法对国家与法的关系进行回顾后,埃利希开始从法的创制内容角度来分析国家与国家法的关系。因为司法早于国家法而产生,而国家制定法之时,法院则基本已经成为国家法院了。这是探讨国家创制法律时间维度的前提。

奥古斯特·孔德(1798—1857)法国实证主义哲学家,社会学家,西方社会学的创始人。

埃利希指出,这个时候的国家法最初不过是指导国家法院裁判的指令。如罗马帝国崩溃后,法国的国家法也仅针对税收和军事事务。这是因为,国家只知道这些事情。后来,这些指令通过一般化的语词表达,并得以适用于一些明确的情形。最后,中央权力颁布详细指令,以指导法院诉讼。而这即构成了后来蔓延整个欧洲的国家行政法之基础。由于国家意志必须通过国家机构贯彻到社会之中,因而,各个国家基本都为此而设立了国家机构,并发展出一套国家法。

但什么力量使国家法越来越抢占原本属于人类较小联合体的司法和法律创制,并日益垄断或理论上宣称垄断这种权威呢?要对此进行解释,就必须将国家置于社会之中予以考察。

埃利希的解释则显然借鉴了孔德(Comte)的普遍民意和斯宾塞(Herbert Spencer)的社会民意理论。简而言之,"彼此交融的联合体,不过是较大联合体的构成部件……所有社会联合体之间相互依赖,但整体独立于其组成部分"①。

具体而言,每个联合体,甚至最小的联合体(如家庭、家族、村落)都有自己的法律以及自己的一系列规则,但与这些规则并存的,还有另外一个体系的法律以及宗教、伦理、道德、礼仪和时尚规范。后者的这些规则产生于更大的联合体,后者可以将这些强加于较小的联合体,如此推演,则此种类型的规范最终源于社会。每个社会总有对每个成员都有效力,或至少宣称有效力的法律规范。这些法律规范通过强压的手段,构成了一种由外向内的社会内在秩序,即带有支配秩序和冲突秩序烙印的内在秩序。

而国家是社会进行秩序强压的最主要手段,即国家对于法律之所以重要乃是因为,"社会利用了它,以对产生于社会的法律以有效的支持"②。因而,国家必须维系整个社会的秩序,不能对抗社会。反对社会的力量不会成功,至少不会永远成功。国家要在尽可能小的抵制和摩擦的情形下实现社会意志。因此,"在一个自由国家中,国家首脑和司法部门首脑尽管仍在理论上独立于社会,而事实上,他们为宪法和立法机构所权制,为各种权力所影响,所以他们不可能抵制社会中的主流趋

---

① [奥]尤根·埃利希:《法律社会学基本原理(Fundamental Principles of the Sociology of Law)》,九州出版社 2007 年版,第 322 页。

② [奥]尤根·埃利希:《法律社会学基本原理(Fundamental Principles of the Sociology of Law)》,九州出版社 2007 年版,第 326 页。

势……"①,国家实现社会意志的方式既包括制定作为一级规范的法律,如宪法、纯国家裁判规范,也包括了保护社会和国家法的二级规范,如刑事诉讼法等。这些二级规范的意义在于维护已建立起来的秩序,虽然不直接对生活发布命令,但却非常重要,也最易为人所感知。

社会通过控制着二级规范的国家来支持或反对社会中的某些秩序,但无论如何,国家法被社会认同的事实在于对强化了的社会团结的认同。随之,如果国家要为社会中每个独立的联合体规定一个统一的法律基础,则它具备巨大的优势。通俗而言,国家具备将某些特定联合体的内部秩序升级为社会规范的工具意义。埃利希用了三种制度说明这一判断,即罗马法上的家父家子法律制度,中世纪的土地所有制制度以及近代国家自身的发展历程。诸如此三类的诸多例证都支撑了国家工具性的判断,也构成了当前法律性质的主流判断观念,即"当且仅当其被国家置于法律规范之位时,某种规范才成为法律规范"②。而显然,无论是这里,还是之前的分析,埃利希都极为反对这种观念。只不过,为了反驳这里出现的观念,埃利希以同样的例证进行了反驳,即家子家父制度的和平取向,土地所有制制度中事实层面对占有/保有而非对抽象所有权的认同,以及国家法表面统一下的各种非法律规范的实际秩序规整功能的存在。这一切都可以说明,这一理念并不正确。

① [奥]尤根·埃利希:《法律社会学基本原理(Fundamental Principles of the Sociology of Law)》,九州出版社2007年版,第330页。
② [奥]尤根·埃利希:《法律社会学基本原理(Fundamental Principles of the Sociology of Law)》,九州出版社2007年版,第342页。

并且,这种不正确不仅仅是历史性的,即便在今天被此种观念强化了的社会中,它也并不在所有的时空获得认同。因为,在当今世界,还存在着与国家法并列的法,即教会法和国际法,它们与国家的分离完全不能损害它们的法律属性。因而,将法与国家建立固定联系的法学是狭隘的,科学的法学需要从这种桎梏中解放出来:不仅研究与国家有关的法律规范,还要研究与社会有关的法律规范。之所以如此,更因为凡法律规范吸引社会学家的地方,它们总是与其他社会规范相伴出现,虽然否认法律规范与其他社会规范的区别并不可能,但精确区分二者也是不可能完成的任务。因而,对于科学的法学研究而言,毋宁界定这一问题,而不是解决它。

但是,在埃利希看来,法律规范和非法律规范的区分,在实践层面上并不困难。实践中,任何人都会毫不犹豫地判断出一个给定规范是法律规范,还是其他规范:也即是说,法律规范和非法律规范的区分问题是一个社会心理学问题。法律规范与非法律规范所释放出的是不同的情感暗示,我们对此的违反则有着不同的情感反应。从社会心理层面而言,非法律规范与法律规范区分的关键在于必然之

赫伯特·斯宾塞(1820—1903),英国社会学家。被称为"社会达尔文主义之父"。

念(opinio necessitatis),这是法律规范的典型特征。然而,学说上所作的诸如与道德规范的区分(法律他律,道德自律;法律由外强加于人,道德由内心而发)都只是一种表象,不应成为法律

社会学的区分标准。对于法律社会学而言,必须认识到,法律规范所调整的一个事项,至少在其发源之群体的观念中具有根本意义,如违反则有一种"根本性的必然"约束。而借助于"必然之念",埃利希的法律规范便具备了更准确的定义,"法律规范即那些源自法律事实的规范,即源自分配联合体成员位置和功能的习惯,源自支配服从关系,源自占有产生的关系,源自联合体章程、契约遗嘱和其他处分。此外,还包括那些源于国家和法学家法中法律命题的规范"。必然之念只有与这些相关联之时,才会被感知。

对应着这个法律定义:社会上存在着违法但仍不消亡的规范,这些规范的命运如何呢? 对于这个问题,埃利希借用习惯法之废除力学说进行了回答。根据这一学说,这些规范最终要么走向死亡,要么逼迫社会承认它们是法律制度。经验表明,这都是很容易出现的。

第四章 法律命题:形式与内容

第一节 法律命题的产生

一、对主流论断的批判

在区分了成文法与国家法之后,埃利希逐渐地需要回到具有明确规范内容的成文法形式,特别是要回到成文法形式之下的法律命题。对于埃利希而言,虽然法律命题内容多样,且未必都具备规范属性,但对于国家与法的发展过程而言,具有意义的也只有包含法律规范的法律命题,此类法律命题与国家的关联使它们成为司法裁判或行政行为的依据。那么,这种法律命题如何产生?何以能够产生?埃利希继续以对主流的概念法学派观点的批判,展开了对这两个问题的回答。

埃利希指出,当前主流法学家所宣扬的那种法律命题是大前提,法律事实是小前提,而法官据此作出裁决(结论)的逻辑模式不过是法学家对司法过程一厢情愿的想象。因为这一观点显然是预设了"法律命题"先于判决而存在,也就是预设了包含法律规范的法律命题存在的前提。但这种判断显然不符合司法的历史,如果我们无视早期司法过程中,法官需独立地发现裁判规范的事实,而认为"他设想存在一个法律命题"①,他只是需要按照该法律命题中的法律规范判断,那么,我们就是自欺欺人地强加我们的意志于他。因为,即便缺少法律命题,法律规范也可保障裁判的稳定,因为法官总是要从诸如习惯、支配和占有关系、意思表示以及契约等法律事实中获得法律规范。也就是说,在司法的早期阶段,这些事实一旦确定,规范也就得以确定,二者是不可分的。而即便是今天,当法官找不到对应于需要裁决的案件的法律命题之时,他仍然需要在"查明(ascertain)"事实基础上独立发现一个法律规范。也就是说,无论在古代,还是在当今,在此种法律命题模糊或存在缺漏的情形下,司法裁判的作出不仅要依据所确定的事实,也要依据法官从这些事实中抽取出的裁判规范。

当法律命题涵括了具体案件的情形,法官仍然需要确定事实问题,法律规范与法律事实仍然不能完全分开。这是因为,使用一般术语表达的法律命题从来也不可能如特定案件那般具体,因而,法官仍然需要综合考虑各种因素来确定特定案件中的事实。也即是说,"无论法官是独立于法律命题而作出裁决,抑或以某个法律命题为基础作出裁决,他都必须找到裁判规范"②。在这两种情形下,法官只是寻找裁判规范的自由度不同而已,而法官发现裁判规范的自由度显然由法律命题的语词

①　[奥]尤根·埃利希:《法律社会学基本原理(Fundamental Principles of the Sociology of Law)》,九州出版社 2007 年版,第 374 页。

②　[奥]尤根·埃利希:《法律社会学基本原理(Fundamental Principles of the Sociology of Law)》,九州出版社 2007 年版,第 378 页。

所决定,与其表述的宽泛程度成反比。换言之,在这两种情形下,法官所要遵循的仍只是裁判规范,并不会因法律命题的存在而束手束脚。从相反的视角来看,法律命题本身就源于这些裁判规范,这些裁判规范之中都包含有法律命题的萌芽,当其繁杂的内容"被约简为基本原则,以文句表述,由权威宣告其普遍效力"①之时,裁判规范就衍生出了一个法律命题。

那么,这个过程由谁完成呢? 埃利希认为,将裁判规范转化为法律命题的是法学家的智力劳动,即法律命题来源于法学家阐述的裁判规范。这一过程是一种"抽象加表达"的智力劳动过程。而这个对象则是法院的裁决,也就是说,法学家抽象表达法律命题的依据是法官的劳动成果,即裁决中所发现的裁判规范。从这个意义上而言,法官法不过是法学家法的一个分支。因而,历史法学派所试图从"民族意识"中寻找习惯法的法律命题的做法也就不可能完成。如果立法者显然也从事了将裁判规范转化为法律命题的工作(间接且不完全对应),那么,立法者也在从事科学性的法学劳动。显然,立法者更具有推行自己意志的力量。对于法学家或法官,其劳动成果,即法律命题的价值获得承认取决于"自身合理性"。

但是,将法律命题归因于这几类在历史上取得重要地位者的劳动与当前欧洲大陆主流法学学说并不一致。因为,主流观点并不承认法官有创设法律命题的权利,"新的法律仅能源于以习惯法的形式存在的民族意识以及立法之中……司法裁决

---

① [奥]尤根·埃利希:《法律社会学基本原理(Fundamental Principles of the Sociology of Law)》,九州出版社 2007 年版,第 378 页。

仅仅是司法文献,是对先前法的解释,任何场合下的试图越界都会被拒绝"①。但是,法律实施应保持稳定的要求使得这一看法显得荒谬,因为,在主流理论视角下,如果法官要遵循制定法或习惯法,就不能遵循他们没有规定而由其他法官作出判断的原则。如果如此,法律实施的稳定自然无可保障,如要保障,则需遵循"先例(不尽指 precedent)",如此,这些司法裁决就不仅仅是司法文献了。

法学家法的情形与司法虽有差异,但也有着近似之处。法学家仅被允许研究、表述和教授规范的原则显然在实践层面并不运作良好,因为,法学总也是具有创造科学的属性,即便它没有创造的意识。也因为此,你很难否认《德国民法典》中存在许多欧陆法学家的创造性贡献。

但是,很显然,法律科学的重要性与成文法和法官的重要性成反比,即"法官的地位越高,他就越珍视维护自己的独立;立法越是无所不包,他乐于让与法学家的领域就越有限"②。因而,在法典编撰之初到人们认识到法典缺陷的期间,必然是法学处于衰落的时期。

然而,即便在法学家法和法官法盛行之地,也并非所有司法裁决和法学主张均有效力,而是存在一系列的判定标准,对其作出评价。在法官法情形下,法官的官职往往具有决定性意

---

① [奥]尤根·埃利希:《法律社会学基本原理(Fundamental Principles of the Sociology of Law)》,九州出版社 2007 年版,第 384~386 页。埃利希指出,历史法学派的前期代表(萨维尼、普赫塔、凡格罗、布林茨)和后期代表(温德沙伊德、绍伊菲尔特)或者根本没有注意到这个问题,或者仅仅将司法裁决视为习惯法的佐证。

② [奥]尤根·埃利希:《法律社会学基本原理(Fundamental Principles of the Sociology of Law)》,九州出版社 2007 年版,第 388 页。

义;而法学家法通常由其著作的价值或作者声望所决定。正如彭波尼所言,"罗马共和国时期……这种声誉是法的创建者所必须具备的……"①但即便如此,法官和法学家也不能超越一定的原则界限,即成文法或法学的原则界限。也就是说,这里的标准仍然是,法官和法学家有资格以现存法律制度为基础进行建构,但却不能从根本上触动或取代它。埃利希以一个比喻解释了这个判断,"即便在今天,将英格兰的普通法通过一个司法裁决引入爱尔兰也会被视为一个大胆的哥萨克式的突袭……"②因为,法官的力量不足以克服社会中固有的抵抗。同样,法学家法也是如此,"尽管罗马法学家的权力曾极度强大,但这种权力从未强大到足以废止对裁判官法的继承或遗产信托或……"③然而,恰是对法官法和法学家法创制法律命题企图的防备促进了近现代立法的发展。对于成文法而言,无论其中的裁判规范源于法学家法抑或源于法官法,都必然具备相对应的特征,即均具备一定的扩张特性。

但是,立法以成文法的形式阐述某一裁判规范显然要比司法过程和法学家进行的阐释更为艰难。因为法学家那里"适当的规则似乎是什么?"的表述要变成立法表述中的"该规则应当是什么"。立法的条文显然不能如法学家进行理论检验般随意变换。也因为此,除非在绝对必要之处,立法者才尝试用自己

---

① [奥]尤根·埃利希:《法律社会学基本原理(Fundamental Principles of the Sociology of Law)》,九州出版社 2007 年版,第 390 页。

② [奥]尤根·埃利希:《法律社会学基本原理(Fundamental Principles of the Sociology of Law)》,九州出版社 2007 年版,第 392 页。

③ [奥]尤根·埃利希:《法律社会学基本原理(Fundamental Principles of the Sociology of Law)》,九州出版社 2007 年版,第 394 页。

的意志塑造生活,在生活运作良好的地方,立法者最好还是避免不必要的干涉。萨维尼反对立法的理由恰在于此,因为,"每一项多余的成文法都是糟糕的成文法!"①

但是,埃利希显然并不完全赞同萨维尼的观点。他指出,虽然法学家法和法官法更加灵活、适应性更强。但当社会发展到更为高级的阶段时,人类必须面对大量的只能由国家处理的法律生活问题。而人类的千年史记也表明,"只有当法律在一个辽阔的地域产生,并从唯一中心形成之时,法律发展才能大规模地出现"②。这一中心点成为法律发展的最大动力,显然,只有国家这一特定的联合体才能承担这一中心点的创设。虽然立法在两大主要法系(罗马法和英国法)形成过程中,并没有发挥出这一目的的作用。但在法国法的发展过程中,立法确实扮演了除旧促新的巨大作用。这也证成了埃利希之前的判断,即"高度发达的法律制度……不能离开国家"③。

那么,国家法与法学家法之间如何区分?埃利希认为,首先,法学家法由法学家通过一般化(unversalization)创造的裁判规范构成,而国家法则由国家向其裁判机构(不限于司法裁判机构)发布的命令构成,法学家不能命令,而国家则不能发现。其次,法学家法来自对社会关系的提炼,所服务的对象是他提炼过程中所涉及的人或事所构成的法律关系。而国家只是在

---

① [奥]尤根·埃利希:《法律社会学基本原理(Fundamental Principles of the Sociology of Law)》,九州出版社 2007 年版,第 400 页。

② [奥]尤根·埃利希:《法律社会学基本原理(Fundamental Principles of the Sociology of Law)》,九州出版社 2007 年版,第 400～402 页。

③ [奥]尤根·埃利希:《法律社会学基本原理(Fundamental Principles of the Sociology of Law)》,九州出版社 2007 年版,第 402 页。

特定地域发布命令，即便以成文法的形式颁布，其实质也是如此。也就是说，在埃利希看来，法学家法更似一种"人域法"，而国家法则毫无疑问的是"地域法"。虽然现代国家中，这种显著的区别似乎已经看不到了，但其痕迹还是可以在国际私法的冲突规范中找到。而这也就决定了二者的第三点区别，即国家法比法学家法更无力抵制时代的更替，正如"《国法大全》中几乎所有的法学家法都被欧陆共同法所继承，但国家法被继承下来者则近乎于无"①。

那么，国家指示裁判机构的命令中所包含的法律命题的依据又是什么呢？当时的主流理论认为，命题发布权依赖于国家，埃利希对这一理论进行了批判。他指出，命令的发布权要取决于谁掌握国家的军队和警察力量，掌握这些力量者是否能够借此支配法院和行政机构，以及是否可使法官和行政官员服从他的支配？拥有这些强力，即便以违宪的方式，也可以赋予其所欲的法律以国家效力。罗马帝国皇帝的立法，普鲁士政府对其宪法的强制执行，俄罗斯人对选举法的修改等无不证明了这些标准。因而，国家指令中的法律命题的创设依据并不仅仅是宪法规范，甚至实质不在于宪法规范。

二、法律命题产生及类型

那么，法律命题到底有何作用？如何实现它的作用？哪些法律命题对社会或对人类行为具有塑造作用，哪些没有？可以

---

① ［奥］尤根·埃利希：《法律社会学基本原理(Fundamental Principles of the Sociology of Law)》，九州出版社 2007 年版，第 412 页。

对社会进行塑造的法律命题的生命何在? 又受到哪些因素的影响和制约? 历史上,各个法学流派如何解释法律命题的作用以及其作用机制? 这些都是埃利希要通过对法律命题,这个由联合体内部秩序而逐渐过渡而来的概念的深度解剖来完成。

　　首先,埃利希指出,法律命题之于社会事实具有重要意义,只不过其作用的发挥要经由裁判机构来完成。埃利希从社会秩序之产生论述指出,对于人类社会秩序重要的只不过是如习惯、支配关系等社会事实,而不是裁判机构据以处断的法律命题。但是,裁判机构的措施会影响到法律事实,从而通过逐步改变这些事实而改变人们的行为规则。也就是说,通过法律命题可以建立新的法律事实。当裁判机构所遵循的法律命题因其执行措施而对社会关系进行调整之时,法律命题就成为了行为规则,这个过程就是通过法律命题中所包含的指导裁判机构的规范而实现的。不过,很显然的是,虽然源于法律命题的法律规范都与社会关系有关,但它们却不能与社会法一一对应,因为,相比于社会法,总是"有很多社会关系不受来自这方面的侵扰"[1]。但每一个包含规范的法律命题,对于某个给定事态,都会规定一个作为该事态后果的命令或禁令,这里,"限定规范、命令或禁令条件的事态就是法律事实"[2]。而基于这些限定规范、命令或禁令事实,法律命题可以相应地分为不同的类型。

---

　　① 〔奥〕尤根·埃利希:《法律社会学基本原理(Fundamental Principles of the Sociology of Law)》,九州出版社 2007 年版,第 418 页。
　　② 〔奥〕尤根·埃利希:《法律社会学基本原理(Fundamental Principles of the Sociology of Law)》,九州出版社 2007 年版,第 424 页。

第一类是与裁判机构对社会中存在的法律事实之保护相一致的法律命题。此类法律命题通过承认联合体的习惯在法律上的可执行效力,对支配和占有关系的认可,对契约和遗嘱指示的强制执行来实现这种效力。此类法律命题符合直接源自法律事实的规范。

第二类法律命题则否定现存法律事实,或积极于自己创设新的法律事实。此类法律命题通过裁判机构创造或解散联合体,建立或废除支配关系,赋予、剥夺或转移占有,废除联合体章程、契约、遗嘱声明或时而强制创设它们。埃利希在论述此种法律命题时,提到了与此处法律命题所调整的社会关系相对的另外一种社会关系,即那些处于法律范围外的社会关系。也就是说,这种法律欲予以否定的社会关系与法律不欲干涉的社会关系显然是不相同的,正如"一个无效的婚姻关系与一个根本不存在的婚姻关系不同……一个被禁止缔结的契约与一个不能据以起诉或据以抗辩的契约不同……"①但是,如果裁判机构容忍这些关系的存在,那么,这些社会关系仍是法律社会学所关注的社会关系,并未被法律命题排除于社会关系之外,只不过法律拒绝给此类社会关系提供法律保护而已。

第三类法律命题是为法律事实规定法律后果(权利和义务)的法律命题,完全独立于习惯、支配和占有关系等法律事实所创造的规范。此类法律命题,如有关所有权的禁令权、贸易权、纳税的义务以及与契约相关的保险责任等。

---

① [奥]尤根·埃利希:《法律社会学基本原理(Fundamental Principles of the Sociology of Law)》,九州出版社 2007 年版,第 426 页。

埃利希指出,由联合体的内部秩序到这里的法律命题,我们看到了一种严重的对立:此处法律命题中的规范要么是保证源于法律事实规范的有效,要么是否定它们的效力;并且,法律命题的第三种类型甚至可以给源自法律事实的规范附加与之无任何联系的法律后果。也就是说:**社会现存的联合体内部自创的法律秩序与法律命题通过裁判机构所欲以施加于社会的秩序对立而现了。而这两种法律秩序,也只有这两种法律秩序才构成了社会的全部法律。**然而,这两种法律秩序的差异就在于,第二种法律秩序是一种地缘意义上的,即不是在单个联合体内部进行利益分配而形成的,而是**在特定地域内所有联合体共同组成的社会整体内进行利益分配而形成的**,也正因为此种原因,它是一种社会强加给联合体的秩序。

三、法学家的作用

那么,这个过程如何实现呢?埃利希指出,法律命题的阐述者作为社会的受托人完成了这一过程。也就是说,法律命题的**形式和内容**是社会和法学家个人共同劳动的成果。但是,法律社会学必须对社会和法学家个人所作的贡献进行区分。

首先,我们看看社会创设法律的贡献。埃利希指出,社会创造法律的力量源于社会中权力分配的社会根源。法律命题的存在应归因于对社会所有阶层利益的考量,而非对各阶层利益的均衡考量。此种所有阶层的利益构成了社会中的一般利益,构成社会权力分配的基础。而它如何而来?埃利希指出了一个判断标准,即"当大众观念认为其他社会阶层的利益……

不值得考虑时……则这个(个别)阶层的利益就是一般利益……"①

　　相应的,在这种背景下,无论在哪里,只要国家牢牢掌握着权力,或者只要公众意识的声音意志坚定,那么,法学家对于法律命题的贡献就只能是技术层面的,即通过恰当的措辞,将社会赋予其内容的法律命题表达出来,并找到可以保护需要保护之利益的方式。但这种技术性的职能也具有重要意义,"粗略展顾一下罗马法和英国法的历史,就可以看到粗糙的诉讼程序所造成的困难"②,而形式主义显然是法律发展所要克服的技术缺陷。从罗马法的诚信审判到德国、法国法律的细微制度都可以看到这种技术上劳动的必不可少。当今当然仍旧存在着法律制度不令人满意之处,但这恰恰说明,"对于这些法律制度,我们尚未能够从技术上建立与之完美匹配的法律命题"③。

　　那么,国家为什么要把此类问题的解决权委托给法学家呢?何时需要这样做呢?埃利希认为,当某一纠纷所涉利益非属普遍利益,也非属社会整体的权力分配时,国家会把此类纠纷的裁决权委托于法学家。其原因可能多种多样,但是,最为重要的原因则是斗争中代表不同利益的各种力量彼此相互抵消,或是因为产生于最强大政治、经济或社会团体的影响力为基于宗教、伦理、科学或其他意识形态信念所阻止或抵制。

---

①　[奥]尤根·埃利希:《法律社会学基本原理(Fundamental Principles of the Sociology of Law)》,九州出版社 2007 年版,第 430 页。
②　[奥]尤根·埃利希:《法律社会学基本原理(Fundamental Principles of the Sociology of Law)》,九州出版社 2007 年版,第 432 页。
③　[奥]尤根·埃利希:《法律社会学基本原理(Fundamental Principles of the Sociology of Law)》,九州出版社 2007 年版,第 434 页。

　　显然,要法学家在这些相互冲突的利益之间划定界限,其实就是让他按照正义完成这一任务,也就是让他不受任何权力分配的影响来完成裁决。正义本身受到影响是无须阐述的事实,有关于此的反面论述也无须我们赘述。但是正义有何正面意义? 也就是说,是什么给有待平衡的利益增加了分量? 埃利希指出,这个任务的承担者显然不是给正义赋予了诸多负面影响的、带有个人情绪的法学家或立法者,而是社会自身。也就是说,在埃利希看来,正义是源于社会,而不是源于个人! 裁决者无论如何重要,都不能脱离裁决的社会基础,埃利希举例说,"如果一个受命运青睐的斯巴达克斯党人在古代废除了奴隶制度……显然与正义没有什么关系"①,而"一个反叛的奴隶……之所以能够按照……个人情感存续下去……不过是因为外在环境的社会影响已经除却……"②,正义是社会对人之心智所施加的力量。而法学的功能则首先在于记录社会中存在的正义倾向,并确定它们是什么? 来自何处以及将去往何方?

　　但埃利希接着指出,法学并不能确定何种倾向是唯一的正义。因为,在科学论域中,它们都是同等有效的。因为,科学并不能告诉我们哪种倾向是我们的目标。但虽然如此,如果有既定目标,则科学可以给予我们到达目标之途径的启发,正如"没有哪种科学告诉人们应当保持健康,但是实践医学告诉那些渴望健康者……做什么就会获得健康……",而实践法学则正是关注

---

　　① 〔奥〕尤根·埃利希:《法律社会学基本原理(Fundamental Principles of the Sociology of Law)》,九州出版社 2007 年版,第 438 页。
　　② 〔奥〕尤根·埃利希:《法律社会学基本原理(Fundamental Principles of the Sociology of Law)》,九州出版社 2007 年版,第 438 页。

人们努力借法律而达至其目标的方式,而为此,实践法学必须利用法律社会学的成果,即要知道"法律命题不仅仅是社会发展的结果,还是社会发展的手段……社会可据之……塑造事物……"①人们通过法律命题获取了一种对法律事实的控制力,与社会中自发产生的法律秩序面对面的具备某种意志的法律秩序也由此而生。

乔治·戈登·拜伦(1788—1824),是英国19世纪初期伟大的浪漫主义诗人。

法律社会学在此所提供给实用法学的是一种超越实用法学的理论预见!关于这一点,事实上,埃利希在本书第一章即早已提及,只不过这里更加细致地将其融入到实用法学的具体阐述过程中,并以科学的名义而摄涵了法学,即科学为我们建构一种对未来的预见力,而法律社会学则赋予了法学一种对未来的预见力。在这个科学化的过程中,要注意各个细节的正确性,以确保结论的正确性。但这种超越实用法学的意识是天才性的,也只有具备天赋的理论家才能完成。在这方面,埃利希对马克思天才般的理论能力进行盛赞,对拜伦诗人般的理论预测能力进行了盛赞,但同时也表达了科学不被认同的悲哀,"天才是人类天生的领袖……是人类中智力高度发达的人……是未来时代的人因神秘的巧合而降生于今天的人……他今天的思考和感觉,

① [奥]尤根·埃利希:《法律社会学基本原理(Fundamental Principles of the Sociology of Law)》,九州出版社2007年版,第440页。

恰是将来某一天整个人类的思考和感觉……这也是他命运的
悲惨之处,因为他是一个孤独者……"①但正义确实需要这些个
人活动,从而使得这些代表着社会倾向的正义产生效力。

兼备诗人与艺术家气质的拜伦显然对埃利希的正义观产生
了影响,他指出,"正义与艺术一样……需要一个预言家来宣
告它……没有唯一的美,也没有唯一的正义……但正义的个别
形式却归功于创造正义的艺术家……"②,但正义从来不能用单
一公式来表达,即便是边沁取得巨大成功的"最大多数人的最
大幸福"的公式也并非不证自明的真理。接下来,埃利希对边
沁的正义理论进行了法社会学视角的
评判。

埃利希首先指出,社会层次的复
杂性,使得这个公式中的"最大多数
人"本身就是一个含混的概念,因为
它显然不是"宗教禁欲者,世俗的欢
乐对他而言没有任何价值;不是贵族
成员,在他们看来,最大多数人生来就
不是享福的,而是要服从和劳动;不是
美学家,他们眼中的米开朗琪罗和拿

杰里米·边沁(1748—
1832),英国法理学家、功
利主义哲学家、经济学家和
社会改革者。

破仑显然比众多的凡夫俗子重要太多……"③也就是说,对于每

---

① 〔奥〕尤根·埃利希:《法律社会学基本原理(Fundamental Principles of the
Sociology of Law)》,九州出版社 2007 年版,第 450 页。

② 〔奥〕尤根·埃利希:《法律社会学基本原理(Fundamental Principles of the
Sociology of Law)》,九州出版社 2007 年版,第 452 页。

③ 〔奥〕尤根·埃利希:《法律社会学基本原理(Fundamental Principles of the
Sociology of Law)》,九州出版社 2007 年版,第 452 页。

一归属于社会特定层次,或特定社会联合体的人而言,"最大多数人"一词仅仅指其阶层或其所归属的联合体成员,"对格拉古兄弟,他们是罗马贫民中好几十万的无产者;对乌尔里希·冯·胡藤来说,他们是德国的骑士基层……对于边沁本人,他们是指城市中的中产阶级,对于马克思而言,他们是指数百万的工人阶级……"①,而超出这些范围之外,则并不属于"最大多数人"。

同样,边沁公式中的"最大幸福"所指也并不明朗。对于边沁而言,它显然是指中产阶级在经济上富裕,个人在最大可能范围内自由行使权力。边沁的最大幸福显然是特定时代、特定国家之特定阶级的最大幸福,即 19 世纪英格兰资产阶级的最大幸福。但是,卡莱尔针对此提出了一个截然相反的概念,即同时对同一国家所有阶层都同样有利的概念。但这显然是不可能的,很显然的是,幸福在任何两个人那里的意义都不一样。但边沁的贡献的确是需要肯定的,因为他给植入了他那个时代的一个清晰的正义诉求。

在这个目标的诉求中,在法的发展过程中,埃利希找寻着法学家劳动的重要意义。在埃利希那里,法律命题由联合体的内部秩序到走入法典和法学典籍,经过如下阶段:首先是调整诉讼和刑罚关系的法律命题,它们并不直接规整联合体,而只是为了避免危险。第二个阶段则是诉讼所依据的一级秩序规范从联合体内部秩序中通过一般化和约一化的方式产生,或被

---

① [奥]尤根·埃利希:《法律社会学基本原理(Fundamental Principles of the Sociology of Law)》,九州出版社 2007 年版,第 454~456 页。

自由发现,并入之后成为普遍有效的法律命题。第三个阶段则是次级法律命题数量增加,权威增强……而最终国家法作为法院裁判规范和国家行动的依据而发展起来。但整个过程,每一阶段的每一个法律命题的产生都是法学家对社会素材的塑造,一般化和约一化的工作要由法学家来完成。无论不同的规范如何源于社会关系,源于社会关系中的事实,法学家为之提供恰当的措辞是它们最终升级为法律命题的必要步骤。

但由此就认为法律命题是"立法者的意志"的主流话语在埃利希看来是极为幼稚的,虽然立法过程中,这些立法者常常会带有个性的表达,甚至可以说"当法律命题由不同的立法者创立时,其措辞是不一样的",但即便如此,也必须看到这些通过一般化和约一化在法律命题上烙下自己个性的法学家也不能脱离社会中权力分配、普遍利益观念和正义倾向的影响,这些强令他选择约一化和一般化的社会规范对象。无视这些事实,就完全是忽略了社会在法律命题创设中的作用。而对于法律社会学而言,既然是要建立可以预知的科学法学,那么,就应当对影响法律命题的所有因素都予以关注,包括人类个性因素、社会正义倾向、经济因素和非经济因素,唯有如此,科学的法学才能超越历史法学、自然法学和唯物主义法学而建立起来。

第二节 法律命题内容的正义性

一、社会静态学上的正义性

埃利希已经指出了法律命题在正义(无论是如何定义)观念影响下在各处的创设。那么,接下来的推衍则是,评价某部成文法、某项司法裁决与某个国家行为所依据的都是其内在的正义。然而,在这些情形下,正义的内容是什么?埃利希指出,这个问题的回答需要回到利益这一词汇上。因为,通过在裁判规范、法律命题、批判、政党等情形下,我们实际上都是处理法律保护的利益或被法律赋予效力的利益,也因此,正义是什么的问题变成了何种利益当为公正的问题。而要回答这个问题,埃利希将他的关注点放到了法律发展史上那些按照正义观念而为私法、刑法、行政法和诉讼法所保护的那些利益内容的变迁以及对这些利益所采取的保护方式方面。

埃利希指出,欧洲原始时期,司法完全是国家性的,因而也完全限于与国家直接相关的事情,如企图杀害国王以及通敌、违反军纪等。除此之外,法律要保护的对象则是原生型联合体的事情,用以对抗联合体外成员对联合体成员的侵害。因而,这个时期的法律主要关注的是抵御暴力侵害。这个时候法律所关注的利益内容是国家,以及联合体内人民的生命以及联合体的和睦和占有。法律对这些利益所采取的保护方式也主要是自力救济、血亲复仇、放逐以及后期的赎罪金,等等。

第一次法典编撰后,被认为值得保护的利益还是与早期一样,即国家、人身、生命以及占有。但是保护的方式却发生了变化。这一过程基本如下:首先,国家扩张其行使惩罚权的范围,不仅仅对涉及国家自身的利益行使惩罚权,还对涉及到人身、生命和财产占有安全的行为越来越多地行使惩罚权。其次,国家逐步控制了社会法院,并开始对一些暴力及侵权行为由刑罚处罚转向赔偿金处罚。这种转变就使得不仅在暴力、欺诈和隐秘妨害等不正当行为的情形下,而且在其他类型侵扰的情形下,也会引起损害赔偿。再次,出现了最狭义意义上的权利主张之诉形式。

埃利希对主流法理学的理论预设提出了批评,指出他们因为认定损害赔偿请求权和主张权利的请求权之间存在基本差别而无法理解这种区别。从各种不同形式的诉讼史来看,权利主张之诉或损害赔偿之诉,或要求归还不当得利之诉等形式和刑罚一起构成了对人身、支配关系和占有关系提供保护的不同形式。而这些受到保护的内容显然是正义所要求的利益。但是,正义不仅仅要求要对这些利益进行保护,即不仅要保护人身、支配关系和占有关系,正义还要求保护能不断地扩展和改善。但是,无论在哪种情形下,都存在一个技术性问题需要解决,即"正义的要求应以何种方式被满足?"[①]正义的最终实现则必须建立在足以实现正义要求的裁判规范以及法律救济措施被发现的基础上。

埃利希在对损害赔偿法归责原则的演变、契约裁判规范和

---

① [奥]尤根·埃利希:《法律社会学基本原理(Fundamental Principles of the Sociology of Law)》,九州出版社 2007 年版,第 478 页。

法律保护手段的变化、继承法自由处分方向的演变以及劳动产品（知识产权产品）规则的演变的论述中指明，正是正义观念导致了"为社会提供日益丰富多样的防御手段，以保护其秩序免受攻击的法律命题"①的产生。埃利希回顾正义创制法律命题的历史时进行总结，正义总是一个开放材料而不是改造既存材料的问题："人格、支配和占有受到社会内部秩序保护首先凭借的是刑罚威胁的方式，通过损害赔偿之诉因规定而受到保护，最后……通过权利主张之诉因规定与不当得利之诉因规定而受到保护……"②同样的情形也发生在契约领域，"契约保护的诉由越来越体现契约的最初目的，即利用对自己财产的处分权而获取对待给付……或获取对等价值"③。继承法的自由处分演变趋势体现了亡者生前处分的意志性在其故后的效力，而对知识产权的保护于 19 世纪也出现了。

这些演变史恰恰表明，正义的表达还仅仅是对已存事实的一种表达，也就是说，给予正义的法律不过是对既存法律事实的表达，即这还是一种社会静态学意义上的表达，这也解释了为什么只有到了 19 世纪，借助法律命题和法律救济保护智力劳动才开始实行。因为，直到那时，智力劳动才获得应当的社会认可。

而除了这种静态意义上的正义外，显然，还有另外一种正

---

① ［奥］尤根·埃利希：《法律社会学基本原理（Fundamental Principles of the Sociology of Law）》，九州出版社 2007 年版，第 510 页。
② ［奥］尤根·埃利希：《法律社会学基本原理（Fundamental Principles of the Sociology of Law）》，九州出版社 2007 年版，第 512 页。
③ ［奥］尤根·埃利希：《法律社会学基本原理（Fundamental Principles of the Sociology of Law）》，九州出版社 2007 年版，第 512 页。

义形式与之相对,这种推论当然也来自法律命题源于正义内容的基本前提。但是,既然法律命题除了能够维持现状外,还能建构新的社会秩序,那么,也就存在与此相对的正义内容,即一种动态意义上的正义内容。

二、社会动力学上的正义

在埃利希看来,社会动态意义上的正义有着这样的理念:法律命题不仅维持现状,而且也是社会根据其利益而对各种各样社会关系进行规整的手段。其中,最为强大的力量就是个人主义和集体主义。而接下来埃利希即对在裁判行为改变现存法律事实上,对社会导向特定路径的过程中个人主义和集体主义的正义性内容分别进行阐释。

埃利希首先从个人主义开始,论述其对裁判规范的影响。这些影响之所以能够发生显然是基于其内涵。埃利希指出,个人主义终极原则是"每一个人都是其自身的目的,不受制于为其目的而利用他的任何力量。他既不受制于他人意志的支配,也不受制于联合体意志的支配(如果他在这个联合体内不为自己,而仅为作为整体的联合体而工作的话)"①。对于个人主义而言,正义就是个人及其财产,个人对其财产享有绝对权,不承认除国家之外的任何其他上级,不承认自己自由缔结的契约外的任何其他约束。也就是说,个人主义实际上否定了习惯的约束力,也因而否定了由习惯所建立起来的诸如支配、服从等权

①　[奥]尤根·埃利希:《法律社会学基本原理(Fundamental Principles of the Sociology of Law)》,九州出版社 2007 年版,第 512 页。

力关系,并废除或至少削弱了家庭法中的权力关系。

个人主义法律命题的建构产生了巨大影响。在国家和个人之间,不再有强制性联合体的存在,而只是存在国家作为自己机构创立的或努力按照自己机构对待的那些联合体,如乡村、社区和教会,或是那些个人自愿加入的联合体,如俱乐部和社团。个人的一切权利均被裁判规范转化成了人身权、物权或债权。这一倾向在不同的法律命题中均有所表现,"在 19 世纪初,曾在《奥地利民法典》中达到顶峰,19 世纪末曾在《瑞士民法典》中达到顶点……在《法国民法典》中达到顶点……"①

在埃利希看来,个人主义对世界文明史,尤其是对法律文明史产生了巨大的影响。它不仅仅创设了法律命题,而且通过法律命题影响了法律事实,通过废除联合体的方式取消了联合体内的惯例。而它借此所给家庭和统治阶级的支配权所造成的打击是致命的。在它所渗入到的那些领域中,它起着一种颠覆性的作用,"通过建立财产自由、解放土地上的费税负担,个人主义改变了占有关系;通过契约自由,个人主义将贸易和商业从数不清的桎梏中解放出来;通过工业活动自由,个人主义将财富重心转向动产……"②而所有这一切的最重大意义在于,它见证了这样一个事实:"法律命题通过基本的社会力量产生了这些社会效果,而这些社会基本的社会力量恰是此种法律命

① [奥]尤根·埃利希:《法律社会学基本原理(Fundamental Principles of the Sociology of Law)》,九州出版社 2007 年版,第 514 页。

② [奥]尤根·埃利希:《法律社会学基本原理(Fundamental Principles of the Sociology of Law)》,九州出版社 2007 年版,第 518 页。

题存在的原因①"。

但埃利希指出,个人主义即便是在最强大的时候也不能阻止社会团体的形成与继续存在,因为无论怎样,团体总会在一定层面以一定的方式满足成员的某些特定权利要求。尤其是在特定的团体中,与个人主义相对的一种思维,即集体主义思维模式的存在是无须证明的,"……在军事共同体中,在官员共同体中或在福利团体的国家里……根本不存在依据财产和契约精确计算过的给付和对待给付……"②集体主义所尝试的是一种秩序的引入,以取代诸如通过契约而实现的财产利用。这种秩序下(至少在紧急状态),个人要根据自己的力量和能力为整个社区提供服务,而整个社会对应地向每个人提供所需要的物品。集体主义是为了克服个人主义的固有缺陷而存在的。在埃利希看来,个人主义的法律观允许巨大的不平等存在,因为,现实常常是"越是依据同样的法律命题处理富人和穷人,就越会增加富人的优势"③。但是,埃利希对集体主义的期望显然并没有像马克思主义那样,他显然不主张使用集体主义来消灭社会中的不平等,而仅仅是试图通过集体主义来减轻这种不平等。其目的是"通过限制富人的社会制度和法律命题抵消富人事实上所享有的优势,组织他们过度利用这些优势"④。

---

① [奥]尤根·埃利希:《法律社会学基本原理(Fundamental Principles of the Sociology of Law)》,九州出版社 2007 年版,第 516~518 页。

② [奥]尤根·埃利希:《法律社会学基本原理(Fundamental Principles of the Sociology of Law)》,九州出版社 2007 年版,第 518 页。

③ [奥]尤根·埃利希:《法律社会学基本原理(Fundamental Principles of the Sociology of Law)》,九州出版社 2007 年版,第 520 页。

④ [奥]尤根·埃利希:《法律社会学基本原理(Fundamental Principles of the Sociology of Law)》,九州出版社 2007 年版,第 520 页。

但是,在埃利希这里,集体主义和个人主义还有着同质性:即无论是集体主义,还是个人主义,都是与以财产所有权为基础建立的法律秩序相对而存在的倾向。也就是说,个人主义与集体主义并非完全冲突对立,而是具有一定的目的一致性,都意图通过各种方式来断开对个人人身从属地位的控制锁链。也正是在这一点上,个人主义要求财产自由和契约自由时,它意味着财产不应该与任何支配权相联,尤其是基于天然身份而享有的直接支配权。从今天来看,由于只有国家和家庭才能享有基于财产而对人身的控制权,因而,个人主义的历史使命其实可以说是基本完成了的。当然,集体主义显然在反对支配权方面更为彻底,即它事实上反对间接的支配权,尤其是反对以自然资源独有权之结果而出现的人身附属。集体主义采取设立新团体的方式来抵消这种间接的从属支配力。通过这种团体(工会、公共福利组织),集体主义能帮助个人维护其基本权利。并且,集体主义还督促国家采用直接行为,如国家立法和国家机构的干预等,以保障那些因为财产制度而处于不利地位的劳动者之利益。在集体主义的影响下,近代国家确实通过一系列措施限制了财产所有者的权利,这些措施如雇主责任立法,关于限制妇女和童工的劳动、工作时间的保护性立法,以及社会福利法,社会保险法,等等。在集体主义理念下,通过创设联合体、强制征收费税、限制契约自由等创设法律事实的措施,而不是通过法律命题,集体主义实现着其效果。

埃利希指出,个人主义和集体主义虽然存在着巨大的冲突。但是,二者在历史进程中所各自主宰的领域却逐步得到界定。集体主义保障了公平对待每一个时代所需要的个人主义

之让步;个人主义也获得了集体主义之承诺,即取得较之个体
所能取得的更好的结果。而这些理由,使得这对立而统一的两
种正义理念都获取了存在的正当化资格。并且,可以说明的
是,个人主义和集体主义在不同领域,不同世纪的发展史中表
明,这两种正义观在引领人类法律秩序的创造方面,在过去的
两个世纪中,一直处于一种交替状态,成为引领人类社会螺旋
上升的理念。

三、实用法学多变而规律的正义观

　　基于不同国家不同部门法的分析,埃利希论证了不同的正
义观,并从社会静态意义以及社会动力学意义上论述了不同的
正义观。但是,无论怎样,埃利希发现,基本上并不存在任何一
种正义理念具有普适意义,没有任何一种正义理念没有遭遇过
反对。而某种正义理念的反对者总是坚定地认为只有与之相
反的理念才是唯一正确的。

　　然而,在某个特定历史时期,大多数时候往往同时存在相
对立的原则同时被认为是正义的。这种情形可能会发生在社
会不同的阶层中,也可能发生在彼此相隔遥远的圈子中,但发
生在彼此关系非常亲密的熟人之间的频率也同样很多。诉讼
中的双方当事人常常坚信自己属于正义一方,因为他们所诉诸
的往往是不同的正义理念。那么,这种纠纷的解决就意味着一
个正义理念要战胜另外一个正义理念。而获胜的理由应当是
科学性的。对于法学而言,这种正义理念符合人类法律发展史
的内在一致的规律。因为,无论怎样变化,一种科学的法学总
是要能够通过对法律事实发展史的观察而找寻到一条清晰的

正义发展脉络。"在法律领域,今天的正义理念源自昨天的正义理念,明天的正义理念又源自今天的正义理念。"而法律命题如果要具备符合规律的正义性,那么,就应当由思考、感觉着未来所能带来之一切的人来形塑。

显然,对于埃利希而言,无论正义内容如何多样,他还是在努力追求一种超越性的正义观,即可以通过观测而预测的正义理念,而这种正义理念将引导着人类社会走向应然的发展方向,并通过立法者、司法裁判者等具备完全感知技能者来使得这种渗透着合规律性的正义内容法律命题化,并进而塑造社会的秩序。

第五章　法律发展的逻辑

在对法律所反映或称受其决定的正义进行解析后,埃利希顺着自己在具体社会中探寻的逻辑,开设了具体法律体系发展的历史考察。埃利希这里的考察首先并不是很多教科书所认为的那样仅仅是出于比较法的目的,或是说总结出来一整套与其活法相辉映的具体个例,或是说为了找到法学家、法官自由发现法律的历史依据。埃利希对罗马法、英国法、旧的欧陆法的描述显然因为其时代的参差而并不处于同一对比时间纬度内,在空间上也有着交错。埃利希所欲追求的逻辑起点仍然是建构起法律社会学的基本架构,而这些资料的描述本身的主要目的在于从历史的具体情境中找到法的依据。或是说,至少埃利希要在此处贯彻方法上的科学化,即从历史中的特定社会找寻法之所以产生、发展、运作的实例,来找寻法的社会根源。在这一过程中,埃利希头脑中所贯彻的一条主线则是要建构科学法法学,即超越历史法学倾向的法律社会学,并且,这种建构的成果要能够对法律于社会中具体的运作趋势作出前瞻性的预测。这条主导思想至少在方法上引导着埃利希对罗马法、英格兰法、旧的欧陆法的描述。因为在埃利希的思维逻辑中,法律科学的建构显然要以实用法学的透彻研究为基础,而实用法学的研究显然要与特定类型的法律制度联系起来进行。对于欧洲而言,历史发展中所能够找寻到的法律制度类型显然就是罗马法、英格兰法以及旧的欧陆共同法,之后就进入了埃利希所言的各国法律制度的分立时代。正是在这种理念下,埃利希对罗马法、英格兰法和旧的欧陆共同法进行了追溯,并基于这三种各具特色的法律体系之描述,概括出欧陆法的历史倾向,并最终为回到他的立论基础打好铺垫,这个基础也就顺风顺水地被牵引了出来,即"社会"。而所有的法律之发展究其根本,都是为了特定社会之需,即制成特定社会之秩序。这同时也就呼应了埃利希法概念中的制序(ordering)要素。

第一节　罗马法

一、探讨的引入

埃利希显然需要给出一个探讨罗马法之于此处建构法社会的意义,尤其是对于实用法学的意义。这当然要从实用法学自身找寻。埃利希通过一个悖论引入了这一问题,这一悖论即"制定法数量与其研究文献数量的差异悖论"。这一悖论的具体情形是这样的:即如果将某一制定法与论述它的法学著作相比,人们很容易就会看到,论述制定法的法学文献数量常常是制定法本身数量的许多倍,甚至可能是几百倍。埃利希对罗马法律制度的讨论就由对这个现象的解释而引入。

为什么相对于简短的制定法会有卷帙浩繁的相关文献?法学家常常以制定法总会留下疑问空间,而无论其内容如何详尽,措辞如何清晰,这种情况的出现都无法避免为由进行开脱。那么,为什么不制定出没有疑问空间的成文法?历史上,曾经有法学家的确这样做了,他们试图制作出详尽的制定法,"在每一细节上都如此详备以至于其条款的意思完全不可能产生歧义",然而,结果却并没有出现相关文献减少的情形。这种事实终于使法学家发现:制定法与探讨制定法著作之间的差异其实是"质上的(qualitative)",法学研究文献给制定法所添加的并不是额外的东西,而是另外不同的东西(something different)。这种不同的东西,就是实用法学,一种技术性的知识体系。埃利希在此所主要讨论的就是这种技术性知识体系。

埃利希指出,作为一种技术性知识体系,实用法学其实是一种服务于日常生活法律需求的艺术,那么,它的类型与日常法律生活的类型应是对应而多样的。但是,在所有这些技术中,产生于争议裁断需求的司法技术以及草拟法律文件的技术是最为重要的。这两种技术虽无法严格区分开来,并且由于司法技术因其古老而又总是居于主导地位而成为此处科学揭示实用法学的起点。从这个起点推演可知,实用法学乃是源自塑造一种法律制度,从而使其更实用的现实需求,而并非源自适用现行法的需要。也即是说,在法产生之初,其实并不存在国家的立法。国家层面的法律创设,所司的"法"是社会层面上的法,而显然,这种法是不可能直接作为裁判规范直接适用,这不可能是法的产生方式。法学家在此种历史情境中所要做的事情大体是(1)将社会法塑造为裁判规范以及(2)找到裁断争议所需的规范。这个时候的法学家并不具备国家属性,而是社会属性的。

埃利希显然要将这一判断延展开来。他认为,这种社会属性的实用法学并不仅仅存在于立法和国家创制法律之前的社会之中,而是存在于几乎任何社会之中,甚至包括仅有最低程度文明的社会(希腊除外)。当然,更重要的是,埃利希在此没有直接点明他自己所身处的时代社会。当然,在埃利希看来,不同社会发展阶段的实用法学功能也并不相同,随法律和社会发达而增加的法学功能包括,"现行法知识、对不断发展的人性以及日益复杂的社会关系的更深刻认识;阐述可满足现实法律需要的法律命题中所含现行法的能力;实践需要时找出恰当方法;利用法律知识解决实际问题的能力……"[1]在埃利希看来,这些法学功能随着历史的发展而逐步适时地出现,而其中对当代法学有着重要桎梏作用的法学功能观念,即认为实用法学仅在于对现行法的认识,以及对实际问题的解决的观念不过是最近两三个世纪,才出现于欧洲大陆。很显然的是,"我们显然不会期待,阿基里斯之盾上的贤者会依据现存规则诉讼,而更倾向于预期他会基于对人性的更深刻观察而作出一个调解判决……"[2]从历史视角而言,法学包括三部分内容:法的知识、法的适用以及法的创制。这在本质上同样适用于今天的法学。

实用法学在法律发展中究竟发挥了何种作用,其地位是怎样的?埃利希从以上论述所要引出的就是这一问题。显然,他需要把这一问题放入到特定的法律制度中去,放入到具有比较意

---

① [奥]尤根·埃利希:《法律社会学基本原理(Fundamental Principles of the Sociology of Law)》,九州出版社 2007 年版,第 536 页。

② [奥]尤根·埃利希:《法律社会学基本原理(Fundamental Principles of the Sociology of Law)》,九州出版社 2007 年版,第 538 页。

义的文明民族的法学史中去考察,而最具有世界意义的罗马法学和欧陆共同法学则对解决这一问题具有特定重要的意义,英格兰法和斯堪的迭纳维亚法律制度也会放入到比较说明中去。

二、德国民间法

在展开罗马法之前,基于历史叙事以及比较需要,埃利希首先要说明的是德国民间法,这要从德国法的陈述和德国法律文献中探求。埃利希指出,德国民间法显然来自一个更为古老的法律发展阶段。当然,德国民间法也并不是法的最初渊源。应该说,它是从一个一度属于罗马,法律较发达地区中抽取出来的。因而,由于受到罗马和教会的影响,德国民间法显得内容庞杂,包括了诸多非本土的东西(尤其是国家法),也包含了许多先前本就不是、之后也无法成为法律的东西。对德国民间法而言,如果将通过借鉴移植而来的国家公法剔除出去,德国民间法就会显露出法律素材以及法律命题的匮乏,这尤其表现在德国民间法的私法领域中。尽管在中世纪之时,德国民间法所包含的法律命题较之先前要丰富许多,但其数量仍然不多。

那么,那个时代的法官或非职业法官从何处获取所需的裁判规范呢?显然,数量不足的德国民间法是不能够提供一个可满足需要的法律秩序的,即使从司法角度审视,仍依然如此。对此,埃利希认为,"大部分案件中,作为特定争议标的之个别法律关系的内在秩序充当了裁判规范的来源"。[1] 这是什么意

---

[1]　[奥]尤根·埃利希:《法律社会学基本原理(Fundamental Principles of the Sociology of Law)》,九州出版社 2007 年版,第 538 页。

思？也即是说,作为司法依据的裁判规范当时尚没有大量被精要地抽象出来,这些规范的来源其实就是这些个别性的主观权利。但这种分散的状况并没有阻止法的一般化的成果之出现。施皮格勒(Spiegler)仍然编撰出了著名的德国民间法汇编,即《萨克森法典》,尽管中世纪的德国,每一块土地都有自己的法律,没有有关社团的一般法,契约法则几乎完全以各色各样的契约为基础,尽管传下来的有关文献表明那时的审判依据是各个特定案件中所确定的法。

为什么《萨克森法典》仍然能够出现？既然并不存在一般性的民间法,那么,《萨克森法典》中抽象出来的一般性的裁判规范又是什么呢？埃利希对此的回答其实是对《萨克森法典》内容原真性的否定。他认为,"施皮格勒是带着帝国古老的荣誉理想观念工作的……他陈述了比他所发现的当时存在的法律命题更多的法律命题……"[1]也就是说,埃利希认为,作为法学家的施皮格勒受到他当时所身处的那个时代社会的影响,为解决自己所在社会的法律问题,而求助于他理想中的神圣时代的无所不能的法律,因而他 力、自觉地对他狭小的祖国疆域内的私人法律关系进行一般化……"[2]并且,由于他认为自己并不是在起草一部法典,而是在撰写一本法律著作,他当然地关注于具体的不动产法、专业职业法、家庭法和契约法中同类法律关系的共性,而对特殊或有分歧或争议之处并没有表达过多

---

① ［奥］尤根・埃利希:《法律社会学基本原理(Fundamental Principles of the Sociology of Law)》,九州出版社 2007 年版,第 544 页。

② ［奥］尤根・埃利希:《法律社会学基本原理(Fundamental Principles of the Sociology of Law)》,九州出版社 2007 年版,第 544 页。

的注意,但显然也没有否定。

然而,对于施皮格勒而言,遗憾的是《萨克森法典》并没有被后人如他般地视为一本法律文献,而是被当做了一部法典。因而,他在进行一般化(universalization)过程中所忽略的那些特殊和分歧的内容就被置于一种非常不利的地位,而这显然并不完全符合现实所需。因为,有时候因一般化而忽略掉某些特殊情形是恣意的,而应然的情况常常是,这些被一般化的特殊有其存在的合理性和必要性。但事实常常是,这些异见或特殊情形几乎很少能够在这种一般化产生之后取得应然的合理地位。事情的逻辑常常是,它们被吞噬掉,被武断的一般化吞噬掉。这种逻辑使《萨克森法典》中的一般化事实成了法律创制和推进的力量,而《萨克森法典》成了一般性的法律规范,并因其不再依赖那些基于个别法律关系的主观性质,使得其作为裁判规范,效力常常超越德意志帝国国界。这反过来又为施皮格勒的学说赢得了法律效力,即便他的学说是自由创设的,也常常一样如此。这一矛盾逻辑反而赢得了法学在世界历史上的地位。当然,这种判断不仅仅适用德国,适用于《萨克森法典》,其他国家的其他法律典籍也发生着同样的演进历程,诸如法国的《诺曼底大习惯法(*Grand Coutumier De Normandie*)》、《圣路易汇编(*Etablissements De Saint Louis*)》、《乡村合集(*Somme Rural*)》、博马努瓦尔(*Beaumanoir*)》等法律著作也发生着同样的情形。英格兰的布莱克顿、柯克和利特尔顿法官的作品也适用于这一判断;而胡果·格劳秀斯(Hugo Grotius)则通过这种方式建立起了现代国际公法。

这个过程反映出的是法学家通过法学著作所发挥的重要作

用,这个作用在罗马法的发展过程中至关重要。对于法学著作而言,其重要意义不仅仅在于对事实进行一般化,而且还在于这种一般化的结果:即一般化过程的结果即"约一(reduction to unity)"。一般化与约一化的区别在于,一般化更偏重于现存一般有效规则的表述,而约一化则意味着必须遵守的效力准则,即特殊要遵循一般,它更类似一般化的结果。但埃利希在此对认识罗马法提出了一个逻辑上经常出现的误区,即一般化只不过是一个逻辑过程,是科学和思考的必要过程。但是,法学中经历这一过程的不过是规范,而不是现象统一的规律性。因而,由这一过程而产生的也是规范,而不是规律性。法学的巨大矛盾在于其思考模式和学说模式正在日益被转换成为规范。而对这一思维的逻辑矛盾保持警惕则是我们科学认识罗马法的一个前提,甚至是建构科学法学的必要条件。

三、罗马法

在澄清一般化思维悖论之后,埃利希自然就对根据中世纪,尤其是日耳曼法律发展中推得罗马法的判断提出了批评。埃利希指出,共和国时期的罗马法由于其适用范围的狭小而根本无法和当今适用于面积辽阔的德国法相对照。由于古老的罗马法主要处理贵族与农民之间的关系,因而,它也无法与很大程度上考虑从事工商业人口的德国法和意大利城邦法相对比。而帝国时期的罗马法则成了适应帝国之需的法律制度,其发展受单一中心的监督和部分指导。从这种情形而言,它可以和英格兰的法律进行比较,因为伦敦法院曾在亨利二世时代履行着与之类似的功能。但仍然需要知道的是,罗马帝国的疆域远远大于英格兰,罗马行省法律事务的独立权也远远大于英格兰各地区。也就是说,在埃利希看来,罗马共和国时期,其传统是不连续的。而罗马帝国时期的法律则更多贯穿着一种支配性的、明细的大城市发展特征。埃利希认为,在对罗马法进行认识之前,尤其是在将以罗马法与其他法律进行对比认识之前,牢记这些重要的区别对防止出现错误具有重要意义。

埃利希指出,在这个认识前提下,将罗马法法律发展和中世纪法律发展进行比较首先可以揭示出《十二铜表法》的真实历史地位。埃利希在此肯定了帕艾斯和兰伯特的判断,同意"整个历史时期中并不存在那种文本所说的正式传统"①。但埃利希认为,尽管如此,罗马人还是有一部法律汇编,或许是一部传播情况很糟糕的官方文本,它主要是关于我们时代四五个世纪之前的旧习惯法,从流传下来的内容来判断,它完全和日尔曼民间法相似。而如果这是真实的,那么,可以得到的类比推论就是:"在《十二铜表法》产生的时代,大量的法律命题与在6世纪或8世纪日耳曼民族中存在的法律命题相似……"②对于这一判断,埃利希所欲说明的是,此前时代,罗马的大多数裁判规范也不过是从各种法律关系的主观性质中推得,这与中世纪德国法的情况是基本相同的。

那么,为什么两者都会出现这种多样性? 埃利希认为,《十二铜表法》以及其后时期的法律,仅在一个相对狭小的地域内

---

① ［奥］尤根·埃利希:《法律社会学基本原理(Fundamental Principles of the Sociology of Law)》,九州出版社 2007 年版,第 552 页。

② ［奥］尤根·埃利希:《法律社会学基本原理(Fundamental Principles of the Sociology of Law)》,九州出版社 2007 年版,第 554 页。

有效。尽管德国法盛行时的适用地域要大许多,但从适用各种法的地域比例而言,《十二铜表法》时代的罗马法律制度的统一程度也并不比法兰克或中世纪的德国法高。也即是说,即便在《十二铜表法》时代的罗马,完全统一的罗马宗族法也并不存在。在罗马,每一个宗族都有自己的法律,它以传统或训诫,而不是以立法为基础。而这种个别宗族法的痕迹也可以在历史的其他时代找到。

罗马法的发展历程究竟如何?这要从家庭法、土地法、契约法以及诉讼程序的变迁中来探求。家庭法最初显然仅涉及家庭和外部世界的关系,这也是通过传统流传下来而为我们所知的,如家父的地位。同样,家庭的内在秩序也在不断发生变化,但原始文献未有记载。不过,可以肯定的是,在外部秩序之前,家庭如氏族一样,只有其内部秩序,而没有法律。但这种内部秩序,尽管是对内的,但却极有可能影响了过去的继承法,因为这种基于等级、职业、财富、地位、血统等的内在秩序显然在继承法方面有所表现,因为"即使在西塞罗时代,贵族克劳狄继承的调整也不同于贫民克劳狄"①。同样,最初调整土地的法律也不是由法律命题决定。罗马的契约法也并非如今天我们所认为的那样精密,因为于生活十分重要的契约显然早于契约法,而遗产信托等制度也同样有着此种由灵活多样逐渐变得与僵化的诉讼形式相联系起来的过程,直至需要法律改革来改造它们。

---

① [奥]尤根·埃利希:《法律社会学基本原理(Fundamental Principles of the Sociology of Law)》,九州出版社 2007 年版,第 556 页。

　　埃利希所描述的这种罗马法的发展过程显然与主流认识不相符。因为，主流观点认为，旧法僵化且严格遵循形式，这种特征直到相对后来的时期才逐渐松动。但这种观点显然并不是基于真实的生活，显然，这是将今天的司法情形强加给了罗马人，即司法的可及性对于每一个权利受到侵害者都相同。这种观念显然是极度现代性的，它没有看到那个时代，"证明有一个强大保护人何等重要！"①而从德国法、法国法和英格兰法的发展历程中可以看到，"法律总是从自由向僵化发展"②，这与梅特兰所描述的英格兰法的发展史完全相符。

　　这种现实对罗马法，尤其是罗马法学家而言，是"残酷"的。因为，他们等于面临与《萨克森法典》作者同样的任务，即从观察生活的过程中找寻规范，因为"现实中仅有少数普遍的法律命题存在于相当少的私法部门中"③。如果追问我们过去所相信的罗马法学家从制定法和告示的解释中获取法律素材这一判断，那么，我们就会因为这一问题变成了制定法和告示从何处获取法律素材这一问题而回到罗马法学上来。即罗马法学独立于其他任何法院而创造了自己的法律素材，即法学家法是罗马法的主要根源。但是，对埃利希而言，这一判断还没有穷尽追问，即法学家从何处获取罗马法学呢？

　　如何回答这个问题？埃利希显然仍然要回到法学家的技术

<hr>

　　①　［奥］尤根·埃利希：《法律社会学基本原理（Fundamental Principles of the Sociology of Law）》，九州出版社 2007 年版，第 562 页。

　　②　［奥］尤根·埃利希：《法律社会学基本原理（Fundamental Principles of the Sociology of Law）》，九州出版社 2007 年版，第 564 页。

　　③　［奥］尤根·埃利希：《法律社会学基本原理（Fundamental Principles of the Sociology of Law）》，九州出版社 2007 年版，第 566 页。

上来：早期如拉贝尔（Labeo）和萨宾（Sabinus）等人，都运用了施皮格勒编撰《萨克森法典》时所运用的同样方法，即一般化某些内部秩序。然而，他们选择的一般化对象存在着恣意，他们的观点也随他们需要应对的法律制度而改变。如同《萨克森法典》后来所发生的情形一样，罗马法学家声称只陈述那些普遍有效的东西，这是他们的目的。但其效果却是"所有被陈述的东西都变成了一个规范，任何不能主张具有独特性和特殊性的东西都必须据此规范来裁断"①。这种一般化虽然与生活的多样性相悖，并且生活的具体样式也并不一定完全符合他的需要。但是，一般化对法院裁判所依据的裁判规范之功能的力量巨大。而直到今天，众多法律争议也仍旧依照罗马法学家根据其对本土关系的观察和研究所获取，并已经转化为现代法的一般化来裁判。罗马人发现这些一般化是为了满足诉讼需要，因为，在罗马法人看来，它们最能实现正义。但是，正是这种深思熟虑且具有良好目的适应性的裁判规范使罗马法具备了成为世界性法律制度的资格。

四、法学家的作用

既然一般化之初是针对诉讼的，而最为流行的罗马法诉讼制度则是每个请求权都有一个独特的程序，罗马的诉讼制度显然由早期的仅在个别情况下出现的诉讼程序而来，那么，如何发展出如此精细化的裁判规范？这个生产过程如何实现呢？

---

① ［奥］尤根·埃利希：《法律社会学基本原理（Fundamental Principles of the Sociology of Law）》，九州出版社 2007 年版，第 574 页。

这就涉及到了法学家的作用。而埃利希看来,要完成这个使命,法学家需要具备起草的艺术,这包括草拟诉讼形式的能力,以及对生活的共性,尤其是对请求权共有的东西敏锐的观察力。起草的能力之目的就是要在现有的僵化诉讼形式下,使文件适合诉讼形式,或者通过担保充分保护当事人免于涉诉。

在此制度下,一般化的过程自然就发生了。每位律师通过将其所应对的法律关系纳入现有文件形式,或将他所欲主张的请求权纳入现有诉讼形式而终究完成了一个"将完全异质的关系纳入到一个共同的诉讼中……"①的过程,这些技术性过程,即包括起草文件、规划诉讼形式、解答、给出法律意见等法律家的活动都是一般化的手段。

但是,除了给出意见这种一般化手段,法学家还有创造法律的其他途径,这就涉及到一个问题:即法学家的见解如何成为了在法庭上有约束力的法律?埃利希认为,这主要是通过一个辩论的过程实现,也即是说,他们作为著作家和教师的影响起到了重要作用。因为,他们相继提出对某一法律问题的看法,然后被质疑、丰满,直到最后时,每一个人都能提到某位法学家在其论述中争辩的法,那么,在最后被表述的规则就成为了被共识认可的法。而这种模式只不过发生于他们通过著作的辩论所产生的影响。

此外,法学家还会对裁判官产生影响,并因此通过法官表述出法学家法。在此,埃利希显然同意莱内尔(Lenel)的观点,

---

① ［奥］尤根·埃利希:《法律社会学基本原理(Fundamental Principles of the Sociology of Law)》,九州出版社 2007 年版,第 580 页。

即裁判官对罗马法的体系所发挥的创造贡献是极小的。法学家既为从业律师,又是著作家和教师的身份使得法学家的意见被认可成为罗马时代的一个习惯性做法,因为,他们的意见往往来自实践。作为法学教师,他们渴望发展法律,他们会超越律师所关注的特定点,而追问着论述"谁拥有权利? 可向谁主张权利? 何时何地必须履行相关义务?"①等等问题。然而,恰是这种教育活动在很大程度上造就了罗马法体系的完备和形式的完整。法学家的此种贡献完全可以从罗马公法的不发达事实中得到印证,这当然并不是法律素材缺乏的缘故,而是由于伟大法学传统的缺乏而致。

但尽管如此,埃利希也指出,罗马法的发展史所揭示的罗马法也只是一种维护力量,而不是推动力量。也就是说,即便在法学家如此具备创造力的罗马,法学也同样要屈从于生活的迫切需要,而从来没有超越过必要的程度。甚至对绝对必要的新事物,法学也喜欢"旧瓶装新酒",依靠于理不通的解释、拟制和推定来解决。罗马法学通过"使当前需要得到满足,且设法不越必要之举一步的做法",为欧陆共同法学提供了一个模板。

第二节　英格兰法学

论述罗马法学之时,埃利希就提出了对比英格兰法的原因:即这是一种不同于罗马法和欧陆共同法,但却同样获取了

---

① ［奥］尤根·埃利希:《法律社会学基本原理(Fundamental Principles of the Sociology of Law)》,九州出版社 2007 年版,第 588 页。

高度独立发展的法律制度,因而,具有极强的比较研究价值。而这给证明此等现象具有统一的规律性提供了条件,因为其他未受罗马法影响的法律制度基本都处于欠发达状态。出于比较的目的,埃利希将这里的英格兰法学限定于与罗马法学以及欧陆共同法学有持续关联的英格兰法学。而如果要回顾英格兰法学,按照梅特兰英国法的历史都是诉讼法史的判断,就必须要回顾英格兰的诉讼程序法。

一、陪审团的产生

埃利希指出,英格兰最早的诉讼程序与其他日耳曼民族的原始诉讼程序并无不同。然而,实际发展起来的诉讼程序则始于亨利二世时代,即 12 世纪。亨利二世进行了大量的司法制度改革,包括将御前会议转变为一个常设法院,而亨利二世本人则曾经主持过此法院。对于其诉讼程序改革,最重要的似乎是新型的侵占土地之诉,这种新型诉讼程序对英格兰的最大影响在于,它发起了英美法系诉讼制度中最为重要的"陪审团"制度之萌芽。在新型侵占土地之诉中,任何不动产遭受侵占之人都有权获得一个令状,地方行政司法官据此任命侵权行为发生地附近的 12 人构成状召咨审团(assisa),在王室法院法官到达时,其成员要回复法官当地是否发生了不动产侵权行为。后来,此种新型侵占土地之诉为其他咨审团所遵循,而其特征在于由国家令状的传唤启动,借此,皇家法院的管辖权得以扩张。因新程序在技术上的更高水平,当事人也获得了更多的便利。

但此时,咨审团还不是英国的陪审团。英国陪审团事实上是在解除了令状之限制之后而真正建立起来的,虽然它源于咨审团。巡回审判时的状召咨审团成员全部由传票召集,而当事人合意咨审制的合理性在于假定双方当事人具备了提请邻人解决纠纷之合意。当事人合意咨审制产生于状召咨审制之后,其之所以产生主要是为了避免令人尴尬、难堪的证明方式,因而这种新的咨审方式取代了咨审团。而即便在有咨审团的情形下,争议当事人也常常达成合意,由邻人解决令状中未提及的事项。

王室法院诉讼程序的优点迫使了古代日尔曼审判模式日益退出了历史舞台,当事人转而求助于王室法院。这就涉及到令状,就涉及到现代陪审团的最初形态,但陪审团最终取代咨审团,从而确定其在诉讼程序中地位的标志则是,"陪审团不再由令状召集而是根据当事人申请组建,陪审团待决事项也不再由令状载明,而是由诉讼而生"①。

这里,需要引起注意的是,罗马法中的程式诉讼与英格兰此时所出现的诉讼程序有什么可比之处? 首先是英国的令状制度和罗马法上的程式制度的比较问题。埃利希指出,虽然二者在形式上似乎存在相似,即从当事人角度来看,都存在一个选择恰当程式或令状的技术性需要。但是,二者共同之处也不过只是都包含原告诉讼请求的书面文书而已,其区别是更为根本的:"程式终结法庭上的诉讼程序,令状启动诉讼程序;程式是根据证据裁判的程序,而令状只不过是一个传票。"②然而,对于埃利希而言,与英国的令状启动的诉讼程序具有可比性的毋

---

① [奥]尤根·埃利希:《法律社会学基本原理(Fundamental Principles of the Sociology of Law)》,九州出版社 2007 年版,第 600 页。

② [奥]尤根·埃利希:《法律社会学基本原理(Fundamental Principles of the Sociology of Law)》,九州出版社 2007 年版,第 600 ~ 602 页。

宁说是法定诉讼程序,即由一个私人传票启动的诉讼程序。二者的区别只不过在于传票由谁递发而已,这种差别则远没有英国诉讼程序与程式诉讼程序之间的区别那般根本。只不过,英国的法定诉讼程序并未发生如罗马诉讼程序般的变革,即没有被一个类似罗马法程式诉讼的相似制度所取代。

二、法律拟制的作用

既然英格兰法的历史是诉讼制度的历史,那么,其诉讼程序的发展原因就需要我们一点点地抽丝剥茧。对于英美法系而言,其诉讼制度中具有重要意义的除了法官的鲜明个性这个我们耳熟能详的原因外,法官在审理诉讼中的个人利益也构成了英国诉讼程序发展中的一个重要因素。法官从诉讼中获取了高额费用,而这种利益关系则可以解释英国法官为什么会极力扩张其管辖权,以及为什么要将诉讼形式改造得对当事人所需极为适用,他们这样做的目的,显然是为了增加他们的活动。

但是,如何实现管辖权扩张?英国法学家采用了法律拟制(fiction)的方法,而并非创新的方法来实现这个目标。在此过程中发挥重大作用的显然是三个位于伦敦的法院,即皇家民事法庭、王座法庭和财税法庭。皇家民事法庭是真正民事性的。王座法庭很少介入纯私人案件,其管辖乃基于这样的拟制,即"被告是在最高指挥官保护之下,仅限于国王审判,因此属于王座法庭管辖范围"。而财税法庭管辖权的基础是"原告因无法从被告那里实现债权而无法清偿对国王的税款"之拟制。

此类法庭发挥其功能的前提是原告可取得诉因的适当令状。中世纪早期,令状的签发几乎可因任何诉求,但随着时间的推移,尤其是 14 世纪开始,获得新型令状日益困难,普通法法官甚至宣布新的令状一律无效。但在这种背景之中,存在着一些例外,其中一个就是侵害之诉令状(writ of trespass)。它由最初针对破坏国王和平之行为的刑事诉讼变成了 16 世纪的民事诉讼,成为 18 至 19 世纪所有诉讼类型的源头①。这些在英国法历史上著名的侵权诉讼形式包括 16 世纪逐出租地之诉(ejectment)以及间接侵害之诉(trespass on the case)。侵害之诉扩张成功的原因是多方面的,包括其诉讼形式的便捷有力,律师基于垄断庭辩而作出的努力,以及法官的认定。但显然,更重要的还是法律拟制制度。这种重要性完全可以从逐出之地所之诉适用范围的扩张中找到印证。

三、衡平法与普通法之争

英国诉讼程序的发展在很大程度上和衡平法院与普通法院之间的管辖权之争紧密相关。我们知道,之前王室法院适用英国法的灵活性在 14 到 15 世纪之时就逐渐消失,其原因在于新令状的难以获取。这种状况所导致的后果就是越来越多的诉讼请求涌向国王,其原因显然是因为缺乏恰当令状而不能从普通法院获取救济……普通法院判决不公……,然而,基于国王委托的御前大臣由于所具备的禁止当事人向法院提出诉请和利用来自法院判决的权力(通过发布禁止令),以及执行自己系统裁决的权力而从普通法法官手中夺取了任何诉讼的掌控权。

---

① 关于英国法侵权制度的简单介绍,可以参见〔英〕基南:《施密斯和基南英国法》,陈宇、刘坤轮译,法律出版社 2008 年版;徐爱国:《英美侵权行为法》,法律出版社 1999 年版。

而更甚者是,御前大臣所发布的禁止令约束力及于普通法院本身,这引发了普通法院法官与御前大臣之间长久的冲突。

但是,无论是衡平法,还是普通法,都是缘于某种权威:或是国家,或是国王。在封建时代,这本不存在过于本质的区别。但是,衡平法与普通法之间的竞争关系虽然存在,却并没有如诸多法学文献中所描述的那样对立。尤其二元地看待这两种法,埃利希更倾向于将衡平法视为普通法的补充,而非一个独立的法律体系。也就是说,"如果没有衡平法,普通法将是一个刻板而僵硬的法律体系……但毕竟还是一个法律体系。而如果没有普通法,则衡平法根本无法存在……"[①]埃利希指出,衡平法与普通法之间的这种关系有些类似罗马时代的裁判官法与市民法之间的那种关系,即罗马裁判官法也构成对市民法的一种有益的补充。但是,这种补充却是"体系内的",也就是说,对于罗马法而言,裁判官法和市民法同属于一个法律体系,事实上"罗马法的审判员从属于裁判官……英国法官则独立于御前大臣……"[②]而与此对应,英国法一分为二,存在两个并行的法律体系,分别是对应于普通法院的普通法法律体系和对应于衡平法院的衡平法法律体系。但无论怎样,衡平法和普通法都走向日益僵硬和固定。而御前大臣终究也还是一个法官,因此,其审判管辖权的行使要以当事人的诉请和衡平法的规定为前提。

但《司法组织法》颁布实施后,二者关系有了新的特征:衡

---

① 〔奥〕尤根·埃利希:《法律社会学基本原理(Fundamental Principles of the Sociology of Law)》,九州出版社 2007 年版,第 624 页。

② 〔奥〕尤根·埃利希:《法律社会学基本原理(Fundamental Principles of the Sociology of Law)》,九州出版社 2007 年版,第 624 页。

平法成了英国最高法院的一个分庭,名义上它是一个法院。而一旦法庭的管辖权确定,则衡平法院和普通法院都既可以适用普通法,也可以适用衡平规则进行审判。唯一可能存在的区别只不过是诉讼程序上有些差异罢了。就其范围而言,衡平法大体涉及信托法、大部分的担保法、继承法的一些法律救济、特定履行以及禁止令等。而衡平法中独具特色的法律制度即是信托法律制度。

四、"个性"法学家的作用

埃利希指出,无论怎样,英国法发展的历程也和罗马法相似,其裁判规范基本上来自法学家。也就是说,即便英国的制定法比罗马制定法具有更大的重要性,英国的裁判规范最初也主要并非来自制定法。无论是亨利二世时代的制定法,还是后来依存于诉讼程序的英国实体法,它们都属于法学家法的范畴。布拉顿(Bratton)的老师威廉·罗里(William Raleigh)发明了期前逐出租地令状(quare ejecit infra terminum):首席大法官罗尔(Rolle)提炼改善了逐出租地令状都是英国法属于法学家法的例证。

那么,英国法官从何处获取裁判规范,英国普通法如何从这些裁判规范中发展出来?显然,对第一个问题的回答如罗马的情形以及所有其他裁判规范的情形都一样,即从基于法律事实的法律关系中获取,通过一般化和约一化而使之成为适用于所有情形的一元化裁判规范。而第二个问题则是通过法官适用"盛行于上层社会的法律原则"而实现的。也就是说,一开始,英国法官就认定自己有权发现符合正义和公平的裁判规范。对于衡平法而言,某一衡平法的规则常常和某一御前大臣的名字紧密相连。

这就是英国法官法最令人吃惊之处,即法官个性的重要性。英国法律史上,"有些法官具有划时代的意义,以至他们逝世后数世纪,人们谈及他们的名字仍然会有崇敬之意……"①,埃利希列举了英美法律史上公认最具影响力的法官,包括英国的科克、哈德威克、曼斯菲尔德、斯托瓦尔、格兰

爱德华·科克爵士(1552—1634),英国16—17世纪著名普通法学家。

特、威尔斯、杰塞尔、凯恩斯、鲍恩、帕克以及美国的马歇尔、肯特、斯托里、肖、霍姆斯,等等。

此外,英国和不列颠法学文献作者中也有一些著名者,尽管他们仅在相当有限的程度上创造了法律。这些文献著作者包括格兰威尔、布莱克顿、利特尔顿、科克和布莱克斯通。但这些著作家对英国法发展的实际影响是难以确定的,因为,英国法学著作家常常满足于收集判例,而缺乏欧陆常常出现的释评,因为在英格兰,这些工作

奥列佛·温德尔·霍姆斯(1841—1935),美国现代实用主义法学的创始人。

属于法官。而著作者的突破性努力直到波洛克(Pollock)和霍

---

① 〔奥〕尤根·埃利希:《法律社会学基本原理(Fundamental Principles of the Sociology of Law)》,九州出版社2007年版,第624页。

姆斯(Holmes)撰写著作时才开始出现。

但是,英国法学的高度发展却是必须被承认的,尤其是考虑到它所适用的广袤的领域,它是世界上最富裕、最发达的国家和民族中行之有效的法律,而它因为不束缚于制定法,其影响反而更直接有效,尽管古老程度不如欧陆法,但其适应性却在很大程度上超过了欧陆法。同时,世界法律史也证明"……无论在哪里,只要基于法的自由发现的判例法制度与欧陆法律适用方法发生碰撞,后者都无可避免地遭到抛弃……"①

但是,尽管英国法和罗马法之间存在形式上的不同,但这两种法系始终都平行地发展,经历的阶段也具有很大的相似之处,罗马法学家通过一般化和约一化等方式创造了罗马法,而英国法官以同样的方式创造了普通法。这两种法律制度在诸多方面表现出来的相似显然不仅是外部性的,而是更具有一种深层次的内部一致。这就是埃利希所要找的法的发展规律,也就是埃利希建构法社会学所要实现的目标。

第三节　古老的欧陆共同法

欧陆共同法,顾名思义,指的是欧洲大陆可以共同适用的法。这种情况的发生显然有着特殊的历史背景,其原因和结果也有着特定的时代特色。并且,既然是古老的,也就意味着之后历史时代发生了分化,之后时代属于共同法不存在的时刻。

---

① ［奥］尤根·埃利希:《法律社会学基本原理(Fundamental Principles of the Sociology of Law)》,九州出版社 2007 年版,第 648~650 页。

而古老的欧陆共同法显然是作为罗马法复兴运动的结果而出现的,即是说,罗马法在中世纪和近现代的继受导致了欧陆历史上的这一特殊时期,并为现代的大陆法系建构了一定的基本框架。而埃利希这里所要考究的就是罗马法的接受历史,并且这种考究对于欧洲法律史的研究是必须的,因为,与过去那种因缘于现实生活的法律发展模式相比,罗马法继受所引起的显然是一种法学发展的新阶段,这个阶段的特征与其他阶段有着根本的不同,甚至是相反的。但即便如此,罗马法继受过程中仍然会呈现出法律发生、发展、发达的规律,而这个规律则是埃利希对三种主要类型的法律制度进行描述所要找寻的。而为此,他自然要对罗马法是如何继受的问题进行考察。

一、继受何以发生?——法学功能决定论

埃利希指出,罗马法继受实际上开创了一个法学发展新阶段,这个新阶段可视为即法律的移植阶段,既然是新阶段,它就必然面对着新阶段的任务和苦难。法律移植的一个常有问题在罗马法的继受过程中自然是存在。即如何达至水土相服的状态。很显然,当罗马法被移植到另外一个时空时,罗马法的一般化现象就没有真实发生过,而是直接将其变成了用以裁断纠纷的规则。这当然会产生恣意而为的情形。只不过,这个时候,"法律生活已经不再是法学的主体……而是成为了法学的客体"[①]。而由于没有经历一般化的过程,这时候的法学所处理

[①]　[奥]尤根·埃利希:《法律社会学基本原理(Fundamental Principles of the Sociology of Law)》,九州出版社 2007 年版,第 654 页。

的已经不是经由法学所得来的规范，而是将"非经法学自己创立而来自他的规则强加给社会，却并不考虑社会是否想要它们，也不关注社会在那些规则下如何发展，它将那些规则强加于社会，仅仅是因为它们实际存在着"①。

但是，罗马法继受省却了法学家通过观察生活创造法律的负担，却使法学家需要面对新的困难：即如何使新法律融入到全然异质的法律体系中？因为很显然，无论是中世纪，还是后来的接受岁月，相关法律制度所对应的生活情况是存在差别的，强要裁判官以同一规范应对差别的现实显然存在着困

萨维尼（1779—1861），德国法学家，历史法学派主要代表。

难。这个过程如何实现呢？埃利希认为，这里有许多因素，其中一个即是罗马法学家对罗马法不断一般化、约一化而使其所达到的那种抽象样态。而这种抽象的样态则表明了诸如教皇亚历山大三世时代那些"臆想的、于理不通的解释"②存在的可能性，当然也有着充分的合理性。

那么，这不过是从对象上的可能来分析的，假使罗马法并不如此抽象，规制生活的可能性是否就不可能呢？埃利希显然并不这么认为，他对罗马法继受原因的深刻认识在于寻找规律

---

① ［奥］尤根·埃利希：《法律社会学基本原理（Fundamental Principles of the Sociology of Law）》，九州出版社 2007 年版，第 654 页。

② ［奥］尤根·埃利希：《法律社会学基本原理（Fundamental Principles of the Sociology of Law）》，九州出版社 2007 年版，第 658 页。埃利希列举了规范如何圣职推荐权传给适格继承人的解释历史来表明这种解释的可能性和合理性。

性,以至于要突破欧陆法律制度。但是,这种规律的找寻显然不能从罗马法自身中,而必须从其他原因中找寻,当然主要是基于法学家的法学之原因。对此,埃利希认为,恰恰是由于当时法律科学并没有占据主导地位,因而,罗马法才得以实现顺利的继受。因为,当时还没有出现使用科学方法的历史法学和法律社会学,因而,实用法学占据着主流地位,而实用法学的最大特征就在于,他们绝对不会桎梏于"现在不存在先取遗赠或父子特有产,现在也不存在要式口约……"①对于这些未经科学方法训诫的法学家而言,接到案件后,他们就会直接从《国法大全》中寻找适于案件的判决,只要案件事实和《国法大全》记载案件判决有所相似,就适用,而从不拘泥于科学的严格性!对于这些法学家而言,法学的唯一功能,并且是永恒的功能就在于:使法律服务于社会生活需要。只不过最初进行这些工作的法学家确实会遇到些困难而已。

但是,中世纪之后,这种实践活动对于法学家而言,就变得容易多了。因为,注释法学派已经完全或部分完成了最初的工作。此类早期工作的完成主要在意大利和法国南部发生,这是有着特殊原因的。其中,主要的原因有两方面,其一是意大利和法国南部带有与罗马古代人生活相像的生活痕迹,尽管许多罗马法律制度在若干世纪的演化中肯定有所变形,但起码在一定范围内与古罗马法律制度建立联系确是可能的。另外一个原因是语言方面的,拉丁语本身在解释上的开放性也使得有关

---

① [奥]尤根·埃利希:《法律社会学基本原理(Fundamental Principles of the Sociology of Law)》,九州出版社 2007 年版,第 660~662 页。

罗马士兵的军营特原则具备了适用到骑士家子身上的可能性。

二、罗马法概念的抽象化(Abstraction)

埃利希指出,尽管以上方法可以解决很多问题,但是,罗马法继受的适用过程仍然存在着困难,这就是旧的罗马法规范与法律关系之间的裂隙问题。而概念法学的产生正是为了增强规范与法律关系之间的这种缝合度。细而言之,正常情况下,法律规范与法律关系之间应当存在着对应的关系,一般情况下,观察生活即可理解法律规范中的概念内涵。但是,由于罗马法接受时期,法律规范是古罗马的,而所要适用的法律关系却是中世纪的,而不是原初的古罗马时代的。由于缺乏这种可以帮助法学家理解罗马法规范的实际生活,因而,首先要解决的就是概念的重新界定适用问题,这个问题的解决则有待于中世纪之后才得以完成,某种程度而言,概念法学恰是应运而生。

实用法学关注如何适用罗马法,而注释法学关注《国法大全》的"科学"①内容,它对《国法大全》的态度恰如今天德国法学家对《德国民法典》的态度,即着力于诠释内容,而不着眼于发展实用法学。但虽然他们不是实用法学家,却常常是或希望成为实用法学家的老师,同时,他们也不可能脱离自己的生活语境,因而,他们常常怀着指导实践的目标而研究古罗马原始文献。但是,显然,他们会遭遇强烈的生疏之感,因为罗马法原始文献里的纯粹概念以及诸如很少被述及的罗马法律生活事

---

① 严格而言,这也受制于注释法学家所在的社会,因而,"科学"是需要加引号的。

实的一般化对他们而言,都是极为陌生而难以接受的。那么,如何解释就可以指导实践? 概念法学所使用的方法就是扩展这些概念,使其"既包含罗马法的现象,也包含中世纪的法律现象。而为此,与现在不相符的所有东西都应该从概念中清除出去……"①这个中世纪所发生的过程,就是相应于罗马法的一般化的概念的抽象化。

但是,这个抽象化过程中需要注意的问题是:罗马法学家和罗马法继受时期的法学家一样,都会考虑概念与经济、社会生活之间的联系。确实,通过抽象化,可以在服务于罗马法时代实践目的的罗马法律规定中添加新的内容,从而使罗马法的相关规定仍然能够适用于新的实践目的。为说明这一点,埃利希细数了从罗马法时期发展到罗马法继受时期的"连带关系"、"所有权"等概念的演化过程,并由此指出:罗马法继受早期之所以如此顺畅,乃是因为法学家也注意到他们也受到经验的影响,因而知道,"要将完全属于中世纪法或现代法的法律关系都摄涵于罗马法律概念之下,即便运用最佳的抽象化方法,也不可能"。因为,抽象化只不过是使罗马法适应现实所需的一种方法,而与之同时,建构于习惯法和特别法之上的固有社会秩序仍然存在。显然,早期注释法学对这些认识不足,因而他们解释罗马法的适用情形时常常需要限定其范围,不过,后期注释法学派和 17 世纪之后的德国,因罗马法研究者获取了对法律适用的控制权,从而使"除非某一案件已由一个不同的裁判

---

① ［奥］尤根·埃利希:《法律社会学基本原理(Fundamental Principles of the Sociology of Law)》,九州出版社 2007 年版,第 670 页。

规范确立,否则所有案件都要依据罗马法裁判的原则成为流行话语"①。

而自此,概念法学已经不再存在,社会、经济上的巨大差异使得严格适用旧的罗马法常常造成令人不满的结果。人们为了避免这种结果,常常极力曲解罗马法概念,将完全不同的罗马法制度强行结合以产生实用的裁判规范,甚至人们常常会彻底伪造罗马法,从而获取自己所欲的结果。运用这些方法的这个时期,则已经属于法学的建构时期:完全根据自己现实所需而进行的曲解活动。埃利希对此列举了后注释法学派的若干此种建构规则,包括:制定法地域效力的全部理论;巴托鲁斯建构的巴托里拿衡平规则,以及仅家父制定即可设定地役权学说等等。这些显然是与先前的概念法学所不同的方法,其结果也完全不同,因为建构的结构常常产生远离《国法大全》的新学说和新规则,并常常因为建构者的地位而获得适用。

三、新法学

似乎目前为止,概念法学和建构法学构成了罗马法学方法上的对立。但事实上并非如此,二者尽管存在着重大的不同,但还是有着诸多相似之处。其中一个,也是二者相较于罗马法学的不足则在于,无论是概念法学,还是建构法学,其研究的对象都是文献,是二手抑或三手资料。罗马法则是基于透彻的生活观察产生。此外,无论是概念法学,还是建构法学都或多或

---

① [奥]尤根·埃利希:《法律社会学基本原理(Fundamental Principles of the Sociology of Law)》,九州出版社 2007 年版,第 684 页。

少地给法学概念添入了全新的内容,因为,很显然,谁也脱离不了自身所处的时代。因而,"注释无可避免地要表达有关他们那个时代生活现象的观点……"①

但是,这都不是新时代的法学,新法学是一种真实意义上的实用法学,也即具备罗马法中法学和《萨克森法典》中法学同质性:都同等程度上基于个别的法律关系,从这些个别法律关系中得出个案裁判,也即"接受裁判的是事实问题而不是法律问题"。当然,当这些事实问题重要时,通过一般化,就会产生一个法律命题,而这种新的法律命题的目的则在于"将适应时代需要的内容注入到《国法大全》中去",只不过,这个过程是在概念法学和建构法学的伪装下进行的。因此,新时代的法学所声称的那种功能远远弱于它实际的功能,然而,这种实际发挥的功能却恰恰是法学的永恒功能,即满足生活所需。

但是,注释法学和后注释法学所做的工作以及他们具体工作过程中所运用的方法在罗马法继受之后的时代,在不同的地域中被重复着,并完成了丰富特定对象的任务。这其中,最具有代表性的就是16世纪以来德国法学的迅猛发展。扎休斯(Zasius)所创造的德国法上的第一成就,即种类物的概念显然也是通过这种方式获取的,即通过对代物清偿为时七个月的直接观察,这显然已经超越了罗马法学家的所知所为。

在埃利希看来,罗马法继受并不能免除法学家观察生活,进行一般化工作的责任只不过转移了他们工作的重心而已。

---

① [奥]尤根·埃利希:《法律社会学基本原理(Fundamental Principles of the Sociology of Law)》,九州出版社2007年版,第700页。

对于法学家而言,他们是有义务进行此种科学工作的,那些有意而为之的曲解概念和规范篡改等非科学法学方法是理应受到谴责的——他们没有科学目标,只有永恒不变的实用法学目标:使法律服务于生活。然而,恰因为此,他们也变得短视,不能预见法学的未来发展趋势,从而有效地指导法学研究与法律实践。

第六章 法学研究的历史化与法学的功能

第一节 欧陆法的历史化趋势

一、罗马法研究的历史主义倾向

自 16 世纪中叶以后,罗马法研究出现了一种新的趋势:鼓吹纯粹科学追求的历史化研究模式。这种新的研究模式要求从真实的历史中探求罗马法法律命题和法律的原初含义,而对实践需要采取或至少表面看来采取了一种完全蔑视的态度。但有趣的是,如果仅考虑历史法学家为法律运用而做的工作,那么,他们关注的却竟是实用法学,而不是法律科学。这当然是一个悖论,那些追求科学性的历史主义如何实现实用效用?历史的、纯理论的法学也能够同时是一种实用法学吗? 如果是,那么,既然历史法学本身并不追求甚至蔑视实用,为什么它们又"沦落"于此呢? 其何以演化而来? 这些都是埃利希要对自 16 世纪起开始的罗马法学家的历史倾向进行梳理所要回答的问题。历史法学派所应用的方法,尤其是历史法学派的这些著名法学家显然对埃利希思想和研究方法都产生了重大的影响,甚至可能是根本性的影响。

这一切都要从代表性的历史法学倾向开始, 19 世纪以来的德国历史法学派则显然代表了这种倾向。严格而言,德国的历史法学派一直以来表面贯彻的理论和研究规则就是:"历史的、理论法的法学同时也是实用法学①"。这样的理念似乎来自历史法学派的代表作,其中最具代表性,对这一理念最具有布道意义的是萨维尼的《论占有》。这部历史法学派的经典之作,在 654 页的篇幅中有 610 页全部用以论述罗马法,而对法律发展中的重大问题只字不提。即便是最后 35 页的小节中所讨论的"罗马法的修正",也不过是为了探讨"这些修正原则上是否能够与罗马法法律相协调。如果这种协调是可能的,我们就可以接受它,如果这种协调不可能,我们就应弃之如敝屣……"②

但是,这样一本书何以成为了历史法学派为实用法学所做的纲领?《论占有》本身的影响范围自然有所推动,但更重要的则是萨维尼在本书中所倡导的指导性原则:即纯科学的理解必须满足实用法学的需要,只不过这种需要的满足需要从历史中去寻找。就是说,对于历史法学派而言,法律不是由法律关系而是由法律命题组成③,那么,要获取科学的理解,就需要以历史主义视野寻找最初的立法者所创立的法学命题。因而,历史

---

① [奥]尤根·埃利希:《法律社会学基本原理(Fundamental Principles of the Sociology of Law)》,九州出版社 2007 年版,第 714 页。这显然是与埃利希的理论法学与实用法学区分相悖,也构成了埃利希对历史法学派批判的基础。

② [奥]尤根·埃利希:《法律社会学基本原理(Fundamental Principles of the Sociology of Law)》,九州出版社 2007 年版,第 716 页。

③ 这当然也构成了埃利希对其进行批判的一个原因。

法学派的关注点不存在生活中活生生的法律关系,而只是冷冰冰的法律命题。但是,历史法学派追求法律科学的路径选择上对生活样式的漠不关心与其所欲以通过法院将这些冷冰冰的规则强加于生活之上的追求之间是极为矛盾的。埃利希指出,这是历史法学派所无法解释的,因为,"除非我们生活在古罗马时代,我们适用历史法学派所倡导的罗马法才是恰当的"①

埃利希指出,历史法学派不仅仅无法解决如何将罗马法适用于现代生活这个难题,更令人痛惜的是,他们甚至根本对这个真实的难题视而不见。尽管从历史法学的方法视角来看,这应当是他们的首要任务,而"法律史学家……却宁愿将对阐明故纸堆里的罗马法中那些意义不明之处的专注作为其首要责任"②。对于他们之前的注释法学派、后注释法学派以及16世纪时德国罗马法学家对罗马法进行修正所采取的方法与工作的忽略,使得包括萨维尼的《中世纪罗马法律史》在内的德国法律史的研究文献都不过是文献史或是一部学说史。

但是,罗马法的修正问题却并不能被随意忽略。德国法律史学家既然以为他们所教授的不是罗马法,而是可以应用的德国法,那么,他们就必须思考罗马法及其修正。因而,他们虽然是接管了注释法学派、评论法学派和德国学说汇编现代应用学派的成果,但却必须运用这些学界前辈们所应用的同样方法将罗马法中的法律命题运用到他们所在时代的生活关系中去。

---

① [奥]尤根·埃利希:《法律社会学基本原理(Fundamental Principles of the Sociology of Law)》,九州出版社2007年版,第718页。

② [奥]尤根·埃利希:《法律社会学基本原理(Fundamental Principles of the Sociology of Law)》,九州出版社2007年版,第720页。

历史法学派的法典编撰学派，即潘德克顿法学与先前法学的不同之处即在于：他们将前辈的修正结果作为论述前提，而不提如何修正的问题。

然而，对于潘德克顿学派而言，尽管他们刻意回避 18 世纪之后法学流派的研究成果，但是一旦碰到只有他们所嵌入其中的那个时代才会面临的问题时，他们就不得不求助于故往的方法，即那种长久以来为法学家所熟悉应用的通过观察和一般化的方法。但是，显然，他们要将这些方法披上解释和概念创设的外衣，以保持其研究的科学性。事实上，耶林（Jhering）、恩内特（Einert）、利伯（Liebe）、贝尔（Bahr）等人有关罗马法的解释的作品中都包含着此类掩饰在原始文献解释下的观察和一般化过程。

二、历史法学的方法论意义

尽管历史法学派无论是在研究方法，还是在其他方面都存在在埃利希看来充满争议的问题。但埃利希对历史法学派的一往情深却也张显于他的作品之中。实质而言，埃利希法社会学的科学性建构本身就是源自历史法学派方法上的深刻影响，起码是历史法学派最初所给外界造成的那种表象上的科学性追求。对于法学由一种纯粹实用的技术学科升格成为一种具有规律、哲理性的学问，历史法学的贡献，尤其是其表象上充满浪漫主义的方法论层面的贡献是至关重要的。而正是基于历史法学派的这种表象上的浪漫主义分界，法学终究走向了一种体系化的概念层层推演的科学。

在埃利希看来，历史法学派此种地位的实现原因在于："通过蓄意歪曲和篡改而进行的解释限于一种相当的程度……而坚持所有……法律命题必须依据原初涵义予以运用……"①这似乎无关紧要的追求实质扭转了法学研究的重心,这一学派将现在从法学中排除,这样做事实上是将"创造性"排除到了法学研究之外,从而使法学成为一种纯粹的科学,只关心研究事物的文献知识,而不关心事物本身。所有的问题在此只能通过解释原始文献来解决。在历史法学派这里,尤其是在德国历史法学派这里,"可预见可能发生的一切,并创立完美法律体系的立法者理论……取得了其科学的神圣性"②。而这些显然都是因为他们拒绝超越原始文献内容之外、自觉创造性的法律发展思想所造成的影响,并由此发展了法律方法论。

但埃利希同时指出,除这种正面上的影响外,历史法学这种无视现实的态度将过去法学流派的那些实用目的完全抛弃之同时,也抛弃或至少相当大程度上抛弃了中间学派的那些极具价值的法律材料。如此而为的结果就是法律和时代需要之间的裂痕越来越深,这种裂缝必须以某种方式予以修补。这种修补的需要最终完成了历史法学派的成果科学化。其中,在埃利希看来,在修补传统法律与现实需求之间裂缝的过程中,两种方法发挥了重要作用:一为概念数学方法,一为解释体系主义。这两种方法其实分别履行了先前法学流派的法律概念创造和法学解释的功能。

---

① ［奥］尤根·埃利希:《法律社会学基本原理(Fundamental Principles of the Sociology of Law)》,九州出版社 2007 年版,第 724 页。

② ［奥］尤根·埃利希:《法律社会学基本原理(Fundamental Principles of the Sociology of Law)》,九州出版社 2007 年版,第 724 页。

三、法学中概念数学的利与弊

法学中的概念数学性质是什么？埃利希运用法学概念与数学概念的对比对此进行了阐释。法学概念是经验性的，来自于调整经验上既定的法律关系的规范综合，因而，法律概念只能推导出创设概念时所运用的规范，绝不能推导出其他规范。而数学概念则是任意的，具有某些属性或必要特征，而这些属性和特征无须考虑是否能够想象。数学并不要求从概念中演绎的结果要与现实相符，而只是要求这些结果不自相矛盾，因而可以说，它专断而墨守成规。

这两类各具特征的概念类型并非不能转换，如果强加于既定的经验性概念与某些属性，并依据这些属性推导出与现实毫无关系的结论，经验性概念也就成了数学概念。在过去的几个世纪中，自然哲学曾经大量采用过这种研究进路，法学取而用之也并不是不可，更何况法学中的概念本就具有专断和墨守成规之特征。虽然追究起来，法学概念还是要回溯到经验基础，也就是说，法学上的概念与数学上的概念只不过是外表上的相似，它不可能被完全任意创造。但是，对于法学家而言，这种表层的相似已经足够他们建立起与数学方法相类似的法律方法了。

完成这个任务所需要的另外一个条件事实上也是完备的，即精通法学和数学的主体。"法学一直都具有吸引数学心智的强大力量"①的事实为法学方法的数学化打下了基础，这些精通

①　[奥]尤根·埃利希:《法律社会学基本原理(Fundamental Principles of the Sociology of Law)》,九州出版社 2007 年版,第 728 页。

数学法律数学家试图如分析数学般分析法学,那么,因而,他们也就必然会在一定程度上任意创造出类似数学概念的法律概念。但他们同时超越了数学家,因为他们希望其数学化想象的成果获得法律家的承认与适用,通过立法者立法,法官裁判,法律数学家成功地"赋予了想象中的虚构之物以实体"①。

法律数学家不仅仅是历史法学派时期的,事实上,古罗马时期他们即已经存在,或许,正是他们创造了遗产继承中的"生存者取得权"学说。但欧陆共同法是一片特别适宜法律数学家发挥其才智的沃土。因为,在这个时代的这种法律中,大量的法律都是恣意的,先前的那些法学派,包括历史法学派都未能探及法律命题赖以存在的经济和社会关系,也因而使得这些法律命题中的概念属性完全是一种脱离了经验的强加。这就给了法律数学家充分的表演台,耶林、普赫塔、范格罗、温德沙伊德以及布林兹这些大名鼎鼎的法律数学家在历史法学派主宰的德国完成了概念上本不可能完成的事,在他们那里,"过去在概念上不可能的事情,概念数学办得到!"②其中就包括债权转让、买卖不破租赁、买受人承担风险等原则。

为了更加充分地说明概念数学的重要作用,埃利希列举了他认为最为典型的例证:即历史法学派的所有权概念以及萨维尼的"重大错误学说"。关于所有权,对于历史法学而言,要创造出一个数学属性的所有权概念,首先面对的现实是:"古罗

---

① [奥]尤根·埃利希:《法律社会学基本原理(Fundamental Principles of the Sociology of Law)》,九州出版社 2007 年版,第 730 页。

② [奥]尤根·埃利希:《法律社会学基本原理(Fundamental Principles of the Sociology of Law)》,九州出版社 2007 年版,第 732 页。

马人无需所有权概念即可以妥善处理公地或是行省土地;今天的英国也无需使用这个普遍有效的概念即可运转顺利;早期欧陆共同法学没有这个概念也可以很好地区分领主对领地的权利和附庸的权利。"①但历史法学派仍然建立起了一个概括所有情形的所有权概念,即将以上各种不同的经济状况祛除在外的所有权概念。与其他具有经济意义的担保权、用益权、出售权相比,温德沙伊德创造的被广泛接受的所有权概念,即"所有权是其自身能够使权利人意志对该物之上的关系总体具有决定性影响的权利"②,就不过是一个惯用提法,不涉及任何经济关系。

而"重大错误"学说则与萨维尼的法律行为概念相关。萨维尼认为,法律行为是一种意思表示(Declaration of The Will),因此,在重大错误的情况下,不管错误一方是否有过错,都不存在法律行为,因为重大错误中的意思和表示不一致。而由于契约属法律行为,因此重大错误原则适用于契约,即使另外一方不知道或不可能知道存在重大错误的情况下依然如此。

温 德 沙 伊 德(1817—1892),编纂了当时最为成功的汇纂法学派教科书《潘德克顿法学教科书》。

但埃利希也指出,如果停留在这种认同层面,而不细细推

---

① [奥]尤根·埃利希:《法律社会学基本原理(Fundamental Principles of the Sociology of Law)》,九州出版社 2007 年版,第 732 页。

② [奥]尤根·埃利希:《法律社会学基本原理(Fundamental Principles of the Sociology of Law)》,九州出版社 2007 年版,第 734 页。

究下去,我们就很容易沉湎于概念数学的巨大建构作用中去,从而真的以为整个法律制度都可以通过概念数学建构起来。但实际上,细细考察"所有权"和"重大错误"理论,我们就会发现,事实并非如此简单。依据温德沙伊德所有权概念而推得的几个推论:即"一个有体物上只有一个所有权;他人所有物之上不可能再存在一个完整的物权;物权的消失使受该物权限制之物不再受其约束;排除妨碍之诉中,所有权人只需证明他是物的所有者即可"①等虽然常常被人们以为由所有权概念推论而来,但实际上确是源于罗马法的经验性规范。同样,萨维尼的重大错误理论在涉及商业契约时不为法官所承认的事实也说明其经验属性。

埃利希在此对概念数学的深层次审视所作的说明恰是为了更好地定位历史法学中的概念的真实属性。在埃利希看来,虽然历史法学派所提出的这些概念源于生活,具备经验属性,但它们又不是完全审慎地从经验中剥离出来的,而是带有各色各样的杂质。但同时它们又不是实用性的,因为所有的合目的性考量也与之无关。而之所以可以通过形式逻辑从中推出规范,乃是由于,在创造概念时就将这些经验性规范考虑在内了。只不过,表面而言,历史法学的概念数学法脱离了社会影响、权力分配、合目的性考量以及正义趋势,因而它在坚信只有立法者创造法律的年代获得了巨大的发展。

---

① [奥]尤根·埃利希:《法律社会学基本原理(Fundamental Principles of the Sociology of Law)》,九州出版社 2007 年版,第 734 页。

四、体系理论法及其超越

对欧陆共同法而言，还有一种其大量采用的重要方法：即体系理论。体系理论的源头不在于法律实践的需求，而在于法学教育之中，在于法律教材的编写模式。其发端之处则是古罗马的教科书。法学教学中，教师总是试图将可用相同规则处理的法律关系放在一起进行探讨，在教材编写方面，这种倾向的表现就成了总将它们归入同一章节之中。

然而，最初时，法学家并没有在任何客观的程度上意识到他们无意地体系化陈述中所表达出的此种法律制度之内在关系。但随着时间流逝，这种倾向变得越来越明显，拉米斯主义者（Ramists）和多内罗斯（Donellus）在体系化方面的努力也使得这种倾向得到进一步的张显。而接下来就是体系化的结果："那些被放在一起讨论的不同法律关系被看作是同一种法律关系的变种……所有权和他物权一起被归入物权……"①经过体系化的锤炼，学说的一般化成为一种趋势，不断地进行着。其中，一个著名的成果例证就是温德沙伊德的不当得利返还请求权。但体系性的一般化与法学建构解释存在着区别，因为法学解释中的一般化更多地是运用摄涵的方法，以实现法化。

但显然，历史法学派的体系化更进一步：他们大量地利用建构性解释也曾使用的方法完成自身的体系化，即将相同的事实与相同的法律效果纳入到不同的法律关系之中。于是，保证

---

① ［奥］尤根·埃利希：《法律社会学基本原理（Fundamental Principles of the Sociology of Law）》，九州出版社 2007 年版，第 744 页。

人清偿债务和购买债权就可以相同的法律效果出现。同时,通过此种建构型解释,"在某种法律关系中出现的特定事实或特定法律效果作为一个整体被挑出,并成为了另一种法律关系建构的建筑材料"①。这种方法使德国法律史学家建立起了诸多如整个私法体系、债法总论体系等的"代理学说、欺诈学说、胁迫学说……"②

　　相对于概念数学法,埃利希显然更看重体系论对完善法律体系的构建作用。但他也并没有对体系论的作用盲目崇信,而是保持了清醒的认识。因为,历史法学派通过概念数学和体系论方法所力求的这种体系完美往往导致"本为特定法律关系或特定情形而创设的裁判规范能适用于各种类型的法律关系,而无论是否相关,并因而使规范数目增长了千倍……"这种结果显然使体系化变得虚有其名,它追求的是相反的东西,即提出新内容,因而,经过这个过程的规范已经变了形,不再是同一个规范了。这些法学家甚至没有将如此得来的规范类推适用,他们竟是将这些规范视为了可摄涵一切的原则。这当然产生出了令人欣喜的规范数量,但如果考究其规范的性质和种类,那么这一数量则会变得令人扼腕。但这种结果显然不是历史法学派本身所造成的,也不是体系论的内在之意。也就是说,对于体系论,不能盲信,但同样也不能低估,它只是被当做一种方法滥用到司法中时才产生出如上的负面效果。但是,它被创造

----

① ［奥］尤根·埃利希:《法律社会学基本原理(Fundamental Principles of the Sociology of Law)》,九州出版社 2007 年版,第 746 页。
② ［奥］尤根·埃利希:《法律社会学基本原理(Fundamental Principles of the Sociology of Law)》,九州出版社 2007 年版,第 746 页。

出来显然并不是为了指导司法,因为,从来没有任何一个学派比历史法学派更对"他们构架的结果或他们体系化的规范发现结果是否与他们的正义感一致……更无动于衷!"①

在综合分析基础上,埃利希对欧陆共同法学作了总结性概括。他指出,普赫塔或阿恩特表面上在完全忽略后罗马时代法律创造资料基础上而建构的文献也完全与优仕丁尼的教条式说明不同,这些不同表现在概念创设、解释和体系论三个方面。

具体而言,在概念创设方面,尽管历史法学派真诚相信他们是依照优仕丁尼法来定义概念的,但毫无疑问,他们这么做时,无论如何是摆脱不了现实限制的,即潘德克顿学派所定义的任何概念都既属于罗马,又属于他们那个时代。尽管他们努力严格依照优仕丁尼法来表述每一个法律命题,但他们的表述却都是优仕丁尼法的建构解释。因为,无论怎样,他们都逃离不了他们所在的那个社会情境,"法律史学家都是他们那个时代的孩子……都是从 11 世纪至 18 世纪的执业者的继承人……每一个法律史学家都认为自己创造出的一套体系是最切合历史实际的……但他们的体系却更像是一幅现代社会法律体制的图画……"②

虽然欧陆共同法的辉煌时代已经过去,但法学的永恒功能却在这种历史的叙事中长存:法学永远要服务于使法律满足变动不停、更新不断的生活需要,即便是未来的法学,也脱离不了

---

① ［奥］尤根·埃利希:《法律社会学基本原理(Fundamental Principles of the Sociology of Law)》,九州出版社 2007 年版,第 752 页。

② ［奥］尤根·埃利希:《法律社会学基本原理(Fundamental Principles of the Sociology of Law)》,九州出版社 2007 年版,第 756 页。

这一命运,虽然他敬爱那个不同于过往以及当今的法学。而法律社会学必定要承担未来法学重整过往法律材料的任务,使存活在欧陆共同法学中的法学的生命得以延续下去!

第二节　法学的功能

一、法与法学的关系

埃利希对法学功能的阐述基于这样一个前提,这个前提源于他法社会学理论基本架构思维:即法学应当是一种创造性的法学,法学应当是现实中法律制度赖以维系的创造性智力劳动。在此种层面上,埃利希心目中的法学显然与传统所理解的法学是两种不同的东西。埃利希所理解的法学应当是一种张显着法律生命的"动态"的、关于法律制度生存所需要的一系列由法律人所进行的智力劳动,而绝不是对传统以法律之名提供给我们的那些东西的说明。

埃利希法社会学理论中的法学是一系列动态的活动。因而,它并不是在那里的死的规则体系。也恰在于这个原因,如果一部教科书没有任何指导或支撑当世法律制度或相关法律活动的意图,它就不能构成法社会学所理解的那种有生命的法学,因为"没有一种法律制度会维系于仅仅那种程度的法学智力劳动之上"①,法律制度的"生"与"死"往往取决于它是否是

---

① ［奥］尤根·埃利希:《法律社会学基本原理(Fundamental Principles of the Sociology of Law)》,九州出版社 2007 年版,第 762 页。

具有创造性之法学。而创造性法学的功能则要通过这些活的劳动表征出来,具体细化而言,创造性法学劳动价值的正确衡量总是需要从构成它的若干要素角度进行认识。而这些构成活的法学的要素在埃利希那里被分解为了三大部分:即与律师功能相关的因素、法律事务相关的因素以及司法功能相关的因素。

在埃利希法社会的理论框架中,法律与法学之间存在着一种互为动力、互为生命的关系。埃利希的法是借助于各种制度存在而体现出的活生生的体系,而埃利希的法学则是要可使得此处的制度体系维系生存的创造性的劳动体系,这种劳动体系必须具有前瞻性和预见性的生命力,在一定程度上而言,法学承载着法在社会中发展的所有层面,并直接预设了社会与法之间的互相建构关系。当然,这种建构关系的最终实现是需要通过理想的法律劳动进行的。只不过,无论如何,在埃利希看来,不存在教条式的法学,法学是有生命的活动,而其生命的表现形式则在于律师的功能、法律行为与司法功能。

二、活的法学

既然在埃利希那里,法学由系列表现形式表现出来,那么,接下来,埃利希就需要对他所说的三种主要的法学表征进行阐述,即分别从律师功能、法律行为和司法功能方面阐述法学。

律师功能的发挥决定于社会。这一逻辑在于法律本身的意义。埃利希认为,法律诉讼形式本在于社会或国家以社会之名为冲突或纠纷提供救济。很显然,社会或国家以社会之名所能够提供的救济方式,尤其是法律形式的救济是极其有限的。因而,在法律救济供给与相互冲突的利益出现数量不对等之冲突时,国家或社会对应当保护的利益就面临一个选择问题。但谁来决定何种利益应当保护?尤其是在两种利益相互冲突之时,尤其是在社会高速发展、新利益不断出现之时。这就需要有一个机构代表国家或代表社会来判断利益的优先性问题。历史上,法院常常被要求承载此种功能。很显然的是,法院在判断何种利益应受到保护之时并不是妄断的,而是需要接收各种因素的信息,综合考量而定。于是律师作为一种辅助法院完成这一任务的社会角色就出现了。

埃利希指出,与法院的交往中,律师主要发挥着两种功能,这两种功能通过律师的两种智力劳动表现出来,即诉求表达的艺术和论证的艺术。埃利希充分肯定律师在法律发展过程中所发挥的作用,即通过说服法院为本来并不被社会所承认的利益或经常受到供给的利益寻求保护,律师实际上通过个人行为促进了法律发展。埃利希以诉讼程序的发展过程对律师的这种功能进行了说明。埃利希认为正是律师的创造性劳动使法律诉讼程序之功能从最初的避免或减轻、控制血亲复仇转变为“无需血亲复仇的正义之实现”[①]。埃利希举出德克勒赫伊(Declarireil)在其《法兰克时期的司法证据》(*les preuves judicia-rires en dront franc*)中所阐述的证据规则的发展史来阐释律师的意义,即“证据法萌芽、成长及发展均归功于当事人之相关活动……是在当事人不断探索发现用以说服审理具体案件之法

---

① ［奥］尤根·埃利希:《法律社会学基本原理(Fundamental Principles of the Sociology of Law)》,九州出版社 2007 年版,第 764 页。

庭的新方法中创造的"①。而律师在其间所发挥的作用就在于将特定的诉讼程式根据新的目的进行修改。

与处理律师作用平衡的法学分支是处理法律事务的法学，关于法律事务的法学涉及内容包括口头事务（oral transaction），但主要是书面法律文件（legal document）。也就是说，以法律事务为主要内容的法学分支主要是处理书面法律文件的法学。书面法律文件的主要功能也并不在于诉讼中要使用它，而在于为某种法律关系提供秩序。创造性法学的这一分支功能的实现要依赖于法律文件起草人（draftsman legal document）②的劳动。埃利希认为，这同样是创造性的，它需要清晰地理出当事人所欲的关系，找到实现这种关系的途径，并通过法律术语将这种关系明确表达出来。这种将当事人头脑中并不明晰的想法推动转变为明确、固定、可感知形式的劳动显然是创造性的法学劳动。

但是，这种劳动与律师的创造性劳动有何关联，或是说有什么不同之处，何以二者都是创造性法学的一个分支？在哪一处拐点，二者发生了交接，或是说在何处二者发生了目的上的重合呢？埃利希从处理法律事务的法学分支之附加功能入手进行分析指出，它除了编制法律文件之外，还必须为保护该劳动所产生之成果制定保护条款，因为社会显然更加关注无须法律的秩序，"……宣誓、诉讼担保、质押必然比诉权和抗辩重要

---

① ［奥］尤根·埃利希：《法律社会学基本原理（Fundamental Principles of the Sociology of Law）》，九州出版社 2007 年版，第 764 页。

② 笔者认为，这基本上类似于英美法系中的诉状律师或律师助理，即并不参与庭辩，而只是负责文本的书写工作。

得多……从罗马法上的信托、德国城市法上的条例到现代的凭单借货协议,处理法律事务的法学分支对不诉诸诉讼之保证的发展(如果不说对其创立)发挥了重大作用"①。西方社会的此种需求可从东方社会中关于商业贸易的描述得到相似的印证。但无论怎样,处理法律事务的法学分支总还是关心一种可容纳各种关系的形式,并且,它不仅关心一个法律上的可诉依据,还关注便捷、迅速、费用低廉的诉讼程序。就这一点而言,处理法律事务的法学与处理律师功能的法学目标联系在了一起:即都是用尽手段为涉争利益提供最佳可能的保护。而这一切都要引致法学的另外一个分支,即以司法行为为内容的法学分支。

法律事务代理人和法律文件起草人的工作是技术性的,其目的在于如何劝服和证明其所欲的利益值得法院通过判决提供保护。与此过程相对,法院也就存在一个判断任务,即司法裁判要判定社会是否乐于保护正被主张的利益,该利益的证明是否使法院满意? 此外,还需要判断的问题是:被主张的利益是否值得保护? 因而,在对这两个问题行使判断权的过程中,法院也会受制于人性的瑕疵、理解力和裁判方法的有限而诉诸于技巧,因为,事实上,代理律师和事务律师总是不满足于既得利益的保护,而不断地将新的利益摆在法官面前,待其裁断。这一过程是从不间断的,而由法律事务代理人和法律文件起草人和法官之间这种重复博弈过程所导致的结果就是活的诉讼程序,即法学真正的对象。

---

① ［奥]尤根·埃利希:《法律社会学基本原理(Fundamental Principles of the Sociology of Law)》,九州出版社 2007 年版,第 768 页。

在埃利希看来，法律事务代理人、法律文件起草人和法官对裁判规范的贡献必须在融合这些贡献的规范之中进行理解，但实际上，法官常常因为缺乏代理律师和事务律师之帮助而独立解决技术问题，即解决将基于生活实际观察的知识进行的规范之一般化和约一化，以及规范的自由发现问题。在法官法法律命题中，所有这些过程中发挥作用的因素并排而列：观察；纳于恰当程式；证据；以规范之一般化、约一化和发现而进行的利益权衡。不过，从法律文献所包含的法律命题中具体区分出这些因素显然不可能。而要对法律命题的这些构成要素分而辨之，则只有追溯到法律命题的历史发端处。埃利希之后的论述即是为了具体追溯这一历史过程。

三、法律命题的要素构成——一种历史视角

埃利希借助《萨克利法典》来追溯法律命题的内在构成要素。而从基本点来审视，埃利希这里对法律命题构成要素的探源仍然是基于法律命题的背后诸多决定因素，这一如他对萨克利法律命题与背后知识的判断那样，"……仅仅为了通过考试，他就必须知道多少有关萨克利—法兰克法的知识，还会发现包含在《萨克利法》中的此种内容比例有多小……"①埃利希所要追问的是表面看起来清楚明了（例如对应于被杀之人的等级，规定凶手应当承担不同等级赔偿金额）的法律命题背后的深层背景，即"谁可以要求赔偿金？除了犯罪人，谁应当支付

---

① ［奥］尤根·埃利希：《法律社会学基本原理（Fundamental Principles of the Sociology of Law）》，九州出版社 2007 年版，第 768 页。

这笔赔偿金？支付方式应是怎样的？如不支付，又当如何？……"①等无限的关涉整个法兰克人社会化的层层因素。而所有这些，显然是不能在一部完全由法律命题组成的法典中找到答案。

埃利希认为，最初的法学仅仅关涉一系列的裁判规范，即可以作为司法裁决基础的规范。但是，不能忽视的是，这些裁判规范与其他以人类生活关系为基础产生的裁判规范彼此发生着关联，尽管后者在法学发生之初还没有进入到法学视野。即便是法官，也不过是借着对生活关系的观察而无意识地熟悉这些法学之外的裁判规范。但是，法学无穷尽的发展会将越来越多的非终极裁判规范纳入其中，也就是将那些间接对司法裁判产生影响的规范纳入到法学的领域之内。相应而来的是，法律命题越来越细化、越来越繁多。但是，这正是法律发展的逻辑，即法律的发展要依赖两种动力：即对生活关系的一般化、约一化；依据社会中权力配置以及人心的正义理念而进行的规范发现。这两种动力促生了罗马法的复兴、促生了英国法和欧陆共同法的发展，并继续促进着当今法律的持续发展。

通过法学家的改造，这些纳入到法律命题之中的裁判规范与构成人类关系内部秩序的规范有了形式上的区别，与人类行为规则也不同，与那些设法进入到法学家作品中的规范也不相同。而这里，埃利希对法律发展的传统逻辑，即法学所有的发

---

① ［奥］尤根·埃利希：《法律社会学基本原理（Fundamental Principles of the Sociology of Law)》，九州出版社 2007 年版，第 774 页。

展都在于"将事实问题转化为法律问题的过程之中"①进行了批判。埃利希指出,事实问题在今天本身就包含两种不同含义:既包括人类生活关系的秩序,也包括对人类生活秩序违反而导致的民事或刑事诉讼程序之启动,而前者显然是后者的组成部分。很显然,通过一般化、约一化和规范发现,事实问题会转变为法律问题,但这一过程之前,二者绝无任何对立之实。"年代久远的法学家只探究事实问题,因为那时还不存在任何具备法律形式的裁判规范"②,然而,第一批法律命题源于经过一般化、约一化的事实问题裁决之一般原则,这一过程事实上孕育了今天的法学。也就是说,在司法过程中,事实问题相关的一般原则经过一般化、约一化的过程同时完成的是法律原则内嵌入裁决之中的过程,但是,实用法学通过将这些原则置于裁决集的标题或置入法典的评注之中而使这些法律原则清晰地展现出其轮廓,而之后的法学著作或学说也吸纳这些内容,于是,这些法律原则就最终加入到现存的多数法律素材之中,并出现于法典之中。为说明法学所运用的这一程序,埃利希举出了往来账户(kontokorrentvertrag)之例来说明这一典型过程:"对实际生活中法律关系的观察——根据这些观察作出一些裁决——法律文献中此种成果的一般化——大量的构建性解释——最后的法典化。"③这一过程是法学功能发挥的典型过

---

① [奥]尤根·埃利希:《法律社会学基本原理(Fundamental Principles of the Sociology of Law)》,九州出版社 2007 年版,第 778 页。

② [奥]尤根·埃利希:《法律社会学基本原理(Fundamental Principles of the Sociology of Law)》,九州出版社 2007 年版,第 780 页。

③ [奥]尤根·埃利希:《法律社会学基本原理(Fundamental Principles of the Sociology of Law)》,九州出版社 2007 年版,第 782 页。

程,在往来账户的例证中,在服务契约的演化里程中,这一点都可以清楚地体现出来。

四、事实与法律之间——当今法学教育之批判

埃利希对当前严格区分事实问题与法律问题的各方观点,尤其是法学教育中将事实问题摄涵于既存法律规则之下的做法表示了不满。他认为,这种严格区分似乎是由于诉讼程序制度,但实际上,这种区分毫无意义,因为"没有任何一个事实问题同时不是法律问题"①。这方面的例证可信手拈来,如证据问题本身就既是法律问题,又是事实问题。为了说明事实与法律之间这种关系,埃利希求助于英国的陪审团制度,因为,人们在传统上总是认为,陪审团处理事实问题,而法官则处理法律问题。但是,实际上,法律与事实之间的这种纠葛即便在陪审团这种传统法学理念中如此界限分明的地方也纠合难分。

埃利希提出,如果法官代替陪审团作出裁决,那么,就会产生一个新的法官法上的法律命题,而从这里可以探求出一切法律的来源,即或源于最初个案中事实问题的一般化,或源于此种一般化基础上的规范发现。但是,正是在这一点上,埃利希指出,事实与法律纠缠在了一起,无法完全分割开来。法律之所以没有源于陪审团裁决的唯一原因不过在于"如果此种一般化将包含一个约束将来的法律命题,则它只能由法官来完成,而

---

① [奥]尤根·埃利希:《法律社会学基本原理(Fundamental Principles of the Sociology of Law)》,九州出版社 2007 年版,第 784 页。

不能由陪审团来完成"①。但是,这里明显存在一个悖论,即法官裁判每个具体个案时,都存在一个既定的法律命题规范将该个案的情形摄涵其内,否则,法官都是在依据陪审团裁断的事实进行一般化,或以此种一般化为基础进行新的规范发现活动。而法官此种构建性活动对法律命题的产生发挥着重大作用,如果不经过法官的一般化和约一化,一般性的法律命题就无法从人类联合体的内部秩序中产生出来,内部秩序则只能是一种对内的秩序,而不会构成可外化的法律命题。这样的例子在今天也可以看到,比如王室内部的王族法就是一个只对内、不对外的规范体系,尽管将其一般化的努力从未间歇,但法官因其地位而无法在更高身份的贵族那里取得应有的影响力常常使得这种努力破产。

此处,埃利希一再重复他的观点:即法官需要从生活关系的内部秩序中提炼出裁判规范,正是基于这一重要支撑,埃利希对当前法学教学提出了尖锐的批判,他指出,当前法学教育习惯的思维模式是将事实情形排列到已建立的法律概念之下,并将此作为法学的主要功能,但是,这种错误是致命的。因为,社会的真实情况是,事实与法律相互纠葛,"源于传统家庭情况的人类关系的内部秩序,源于农奴和封建领主之间关系、契约内容、社团章程、遗嘱及习俗的法人和社团的内部秩序……本身就是法律的一部分……判决的对象不是事实,而是法律关

① [奥]尤根·埃利希:《法律社会学基本原理(Fundamental Principles of the Sociology of Law)》,九州出版社 2007 年版,第 786 页。

系……法学不过是基于法律关系创立法律命题……"①然而,很显然,当前法学教育似乎在教授一种纯粹的科学,这种理念下的法学,除极少数例外情形,均建立在对生活的实际观察基础而通过一般化创立法律命题之上。这种方法是一种与纯科学十分近似的方法,但却与实用要求相悖。因为"纯科学目的在于知识,而实用法学的目的则在于规范发现"②,因为在埃利希看来,法学家的观察和一般化与纯科学的毕竟不同,它自始受到权力配置、便捷以及正义理想诉求的影响,这些直接决定了规范发现过程的方向,而这些因素也就导致了法学上的观察和一般化开始之时就具有不同的目标,因而所指向的结果也就自然不同。因为,"如果依据纯科学程序,罗马法学家就不会把自耕农的家庭秩序当做罗马人家庭的唯一秩序,英国法官也不会把骑士继承法一般化扩展为所有社会阶层的法律"③,只有不把法学完全视做纯自然科学,而是记住它的主要功能"并不在于屈从于以某种科学方法确定事实,而在于为将来制定实用的法令"④时,我们才能解释这一切出现之可能。但是,这种区别恰恰是法学的重要功能之所在。

---

① [奥]尤根·埃利希:《法律社会学基本原理(Fundamental Principles of the Sociology of Law)》,九州出版社 2007 年版,第 794 页。
② [奥]尤根·埃利希:《法律社会学基本原理(Fundamental Principles of the Sociology of Law)》,九州出版社 2007 年版,第 802 页。
③ [奥]尤根·埃利希:《法律社会学基本原理(Fundamental Principles of the Sociology of Law)》,九州出版社 2007 年版,第 802 页。
④ [奥]尤根·埃利希:《法律社会学基本原理(Fundamental Principles of the Sociology of Law)》,九州出版社 2007 年版,第 802 页。

五、小结

在通过不同的主体之活动论证了法学的功能后,埃利希显然需要解决法学家的各种智力活动所承载或创造的各种规范如何最终成为一种法律规范的问题。埃利希以法学教育中存在的悖论对这一问题进行了回答,同时,这一回答也回应了他活的法学的基本构想,并为法学家法之所以成为法律发展之动力说明了理由,以此对系列活动所构成的法学功能之所依作出总结。

埃利希指出,法学家法如何成为具有拘束力的法律规范的呢?这是一个需要追究但却并不容易回答的问题,因为无论怎样,法律规范总还是一个命令,但是,法学家的讨论如何能够包含命令?对此,埃利希采取了一种心理学的解释方法,即"无论书里面印的是什么,都会被作为具有拘束力的规范而被接受"①。对此,尽管埃利希自己也并不能信服但却似乎必须接受的理由就在于"写这本书的人获得授权来制订那些规则"②。而这也就是埃利希所认为的法律上的巨大悖论,即一方面法律不断将学说变成规范,但同时又为具体参与这一过程的主体眼睛戴上了眼罩。

但是,法律规范的生命还需要依靠斗争来维系,因为社会总是有选择地接受某些合适的规范,而拒斥其他的规范。规范

---

① ［奥］尤根·埃利希:《法律社会学基本原理(Fundamental Principles of the Sociology of Law)》,九州出版社 2007 年版,第 810 页。
② ［奥］尤根·埃利希:《法律社会学基本原理(Fundamental Principles of the Sociology of Law)》,九州出版社 2007 年版,第 810 页。

的这种生存斗争有时会按照有序的过程发生,但创制者的名望和地位显然具有终极的决定作用。这就说明了为什么"19世纪,德国立法事项发挥重大影响的法学家,除少数例外,其余都是大学教师;而在英格兰和美国,则需要必要的较高司法职位……"①但是,埃利希指出,无论怎样,活着的法学都与法律人的活生生的个性相关相联,毕竟"法院的裁决的确被律师大量引用,但其中仅有一些具有恒久的价值;积极为法律发展而奉献的法学家总是位列人类最伟大人物之列,在他们辞世百年之后,人们仍常常提及他们的名字,阅读他们的巨著……"②而这些,就是法学活的功能的载体!

---

①　[奥]尤根·埃利希:《法律社会学基本原理(Fundamental Principles of the Sociology of Law)》,九州出版社2007年版,第812页。

②　[奥]尤根·埃利希:《法律社会学基本原理(Fundamental Principles of the Sociology of Law)》,九州出版社2007年版,第812页。

第七章　国家创制法的运行及法的成长

第一节　国家创制之法

一、国家推进其创制之法的方式

　　国家创制的法律规范显然与产生于社会的法律规范有所不同，在埃利希看来，这种不同的表现之一就是这两种规范的执行方式。埃利希以为，国家创制之法极少通过纯粹社会强制的方式来执行，国家自己有独特的权力工具，即法庭和其他审判机构来完成这一任务。因此，对于国家创制之法，重要的问题在于，国家是否有可使这些规范产生效力的恰当机构。而这些机构在社会中推进国家创制之法的实际效果要受到社会主体教育、文化方面的天赋、诚实、技巧以及努力等等影响。因而，19 世纪时，英国、法国和比利时的宪法和行政法被移植到他国后，其效力因土壤不同，与在母国所发生的效力也就并不相同。也因而，会出现《司法程序统一法》这同一种制定法"给奥地利带来书面的、间接的诉讼程序，而给荷兰带来的却是口头、直接的诉讼程序"①的现象。埃利希对此分析指出,国家机构可及力的时间和空间纬度都是有限的,因而,它推进其创制之法的方式也就有限,而如何采用引导而非强迫的方式实现国家创制之法活在社会之中则是需要特别重视的问题。然而,要对这个问题进行分析,必须明确国家推进其法律的主要方式以及各种方式起作用的特点和实际效果。

　　埃利希指出,国家有两种借法律而作为的方式:一种是通过裁判规范指明法院和其他裁判机构进行裁判,这里的裁判规范与法学家无涉,而是专为国家实现其目的之用。另一种是国家机构规范(Eingriffsnormen),也就是指示权力机构如何作为的规范。与裁判规范的情形一样,国家机构规范也并非都以制定法为依据。不过,埃利希这里所探讨的却主要是以制定法为依据的规范情形。埃利希认为,对于某法律命题而言,到底是引致某种直接行动,抑或仅是一个裁判规范? 起决定作用的并不是立法者的主观意图或立法的措辞,而是实际惯例(actual usage):民事领域中,法律命题主要是裁判规范,例外的情形包括"有关婚姻、监护、法人、登记[土地登记、商事登记及婚姻领域事项的登记]……这些情形下,法律命题实际会引致直接行动"②。刑事领域中,早期刑法完全是裁判规范,而当代刑事法律中,这种情形也并不少见。但很显然,危害国家或公共安全等罪行情形下,直接行动的发生就属常态了。

————————

　　① ［奥]尤根·埃利希:《法律社会学基本原理(Fundamental Principles of the Sociology of Law)》,九州出版社 2007 年版,第 816 页。
　　② ［奥]尤根·埃利希:《法律社会学基本原理(Fundamental Principles of the Sociology of Law)》,九州出版社 2007 年版,第 818 页。

埃利希指出,人们总是高估(国家)裁判规范的效能。裁判规范效能的发挥有赖于诉讼双方的诉讼行为,而事实上,当事人可能发生诉讼的情形是非日常化的。很多民众并不了解制定法的具体规定,即便是立法所欲保护的那些利益之主体也常常因为各种原因而不会诉诸裁判或其他权力机构。因而,实际上,国家裁判规范所实际运作的空间和对象范围都是极为有限的。为了说明这一点,埃利希提到了他之前所作的奥地利民法典"在何种程度上成为人们日常生活的一部分"的调查。他指出,财产法和家庭法方面,奥地利民法典的规定都没有完全融入到人们的生活之中。甚至在家庭法之中,相对于民法典所强调的"个人主义",布科维纳地区家庭的父权仍然极受推崇。但埃利希描述中的布科维纳家庭法的运作现实并不是一个区际法律问题,而是统一在奥地利民法典规范形式之下的"特殊事实"。用埃利希的话而言,"反抗在这里是闻所未闻的事情"①。当然,埃利希也承认,他所指出的这种现象会遭致人们关于何为法律的法哲学问题之争论,从而否定他所提出的这种看法。对于这一点,埃利希并没有作太多辩解,因为在他看来,他所欲说明的"民法典未能扎根于生活"这一事实无论如何都可以从此类现象中得到支撑。

相对而言,埃利希认为,国家的直接行动远比裁判规范有效,但却也常常被高估。国家的直接行动更为有效的例证可见于原本设计为裁判规范的劳动者保护类立法,它是从工业巡察

---

① [奥]尤根·埃利希:《法律社会学基本原理(Fundamental Principles of the Sociology of Law)》,九州出版社 2007 年版,第 822 页。

处的官方直接行动之时才有活力。也唯因如此,由民间声请而启动的劳动者保护立法几乎是完全没有生命力的,因为"敢于对违法者提起口头程序的专职人员几乎从来未存在过"①。但实际上,即便是国家法,也常常完全没有实效。毕竟,国家法效用的发挥还是要经历各种环节,所经历的每一个环节,都存在着各种阻却国家法产生实效的因子,国家为法律监督和法律执行采取措施并不意味着它成功地将其制定的规则转变为了人们的行为规则。国家法的实效与其所投入的执行力量成正比关系,而与其必须克服的力量成反比关系。国家法在浸入社会过程中总要面对来自各方的力量,国家需要运用适当的推动力来推动法律浸入生活这一过程,而在这一过程中,国家暴力并非始终如一的有效力量,用俗语说,也就是"可以在马上夺天下,却不能在马上守天下"。因为对于国家而言,它必须考虑各种社会力量,这些社会力量中最为重要的就是国家赖以存在的经济前提。

埃利希指出,国家发展的历史揭示出,即便是专制国度中的君主也非常努力避免给后世留下一个不稳定法律秩序的前车之鉴。一般而言,他们虽然在其认为可以的情形下,也会毫不犹豫地进行劫掠。但整体上,他们允许民众自行其是,并按照法律和习俗对相关法律争议作出判决。而这其中,决定因素就是社会力量中的经济因素。推而广之,制定法浸入到社会生活之中所取决的因素主要并不是立法之时的目的,也不取决于

---

① 　[奥]尤根·埃利希:《法律社会学基本原理(Fundamental Principles of the Sociology of Law)》,九州出版社 2007 年版,第 827 页。

法学家加之于上的价值,而是取决于包括民族性格、主流伦理观点以及法律程序等等因素,简而言之,制定法因其实施而非其存在而发生效力。由此,国家法令的效力就需要进行一定的分类:当国家的命令并不是要强制人们作为,而是限制人们的行为时,国家命令是最为有效的。而次之的则是禁止的法令。而在强制人们"为"特定行为时,国家所需要的技术和要考虑的因素是最为复杂的:除了历经千年经验积累而日臻成熟的军队建设和税收制度外,国家强令的行为常常效果并不是那么明显。对于这些强制性的纪律,一旦违背了社会的经济法则或是出现了可被利用的漏洞,则国家常常是无能为力的。对于国家所要求的肯定性行为,其最终效力的实现要通过国家与民众之间往复的均衡化商谈,在这种社会意义上的商谈过程中,民众和国家逐渐达成一种合作的合意,并进而使它得以发挥效力。而国家在这个过程之中,要运用一系列的技术手段来实现其所欲的目的,将它的印记雕刻在由民众所构成的社会之上,并在这个历史的发展过程中建构出社会构造来。

二、国家法作用于社会的手段

那么,接下来的问题就是"如何"而为。国家创制的法律通过什么样的技术手段来完成这个过程呢? 也就是说,从国家创制之法到社会生活之法中间,过程中所存在的媒介是什么?

埃利希指出,当国家为自己及其机构设定地位和功能时,它并不是创制了现代意义上的国家法(state law),而只不过是创制了国家之法(law of the state)。如何理解这里的区别呢? 埃利希认为,国家之法实际上建立在国家作为一种社会联合体的前提概念之上。也就是说,国家之法是内部秩序的一种,是规范国家这一联合体内部秩序的规则体系。是与教会、公社、家庭、协会等社会联合体所需的内部秩序一样属性的。

那么,国家法律如何实现至社会生活的过渡呢? 埃利希指出,这个过程主要通过几种技术手段来完成。其中之一是创造国民(staatsvolk),这个过程主要是通过法律达成。也就是说,此处的国民是一个国家法律的创造物,而不是一种社会产物。与之相对的社会概念应当是民族。国家通过立法统一所创造的"法律科学和技术的统一、司法裁判的统一、首都的统一……使国民成为一个独一无二的一元实体"[①]。埃利希指出,虽然进行社会学民族意义上国家化的是社会而不是国家,但国家所为的这些"统一"对社会所进行的法的创设所产生的影响非常重大且深远。

而接下来,国家则创立了国家秩序,并创造且维系着用以维持国家秩序的机构。此外,它还通过国家法的创制为这些机构的行为提供依据。这里所创制的规范主要是治安法、诉讼法和刑法的部分,也就是次级规范(norms of secondary rank)。这些规范本身并不能创设国家或社会制度,而仅仅是为既存的规范提供国家保护。

国家对经济事务的决定性影响是通过创设经济权利实现的。国家所设置的此种经济权利独立于经济生产和商品交换。简单说来,无论是国家从经济活动的成果中所索取的,抑或是

[①]　[奥]尤根·埃利希:《法律社会学基本原理(Fundamental Principles of the Sociology of Law)》,九州出版社 2007 年版,第 838 页。

以国家之名为社会所贡献的经济效益,都完全独立于实际的经济生活。国家本身并不参与具体的经济活动,而是通过制定财政法规范,依靠其权力工具来分配已经存在的经济价值,"国家的所有权法、国家的旁系亲属继承法和权利、国家养老金和专利……都建立在经济价值的此种分配和移转之上"①。而这些,在所有权演化的历史过程中,在旁系亲属继承规范的演化的历史进程中都可以充分体现出来。正是在这样的过程中,国家法一步一步地渗透到社会生活之中,在国家之法和社会之间的商谈性互动过程中达成一种日益均衡的印记。

对这种印记的追根溯源显然应当是法学家的一个重要任务。也就是说,在埃利希看来,国家创制之法行至社会之中的过程中,一旦某些国家法成为了日常生活中不可或缺的一部分,并对日常生活产生一种形塑的影响,那么,法学家就应当关注此过程所形成的生活形态。而由此通过一般化以及发现所得的规范自然是法学家法了。埃利希认为,罗马时期的《法尔西地亚法》、《维勒雅元老院决议》的情形,英国欺诈法到货物买卖法的变迁,德国遗嘱制度的演化都是这一过程的鲜活例证。

也恰恰因此,埃利希再次指出:国家在法律创制过程之中的作用是极为有限的。虽然国家中心主义的法律观至今仍然发挥着重要的影响,但实际的情形却并非如此。基本的社会机构,各式各样的法律联合体要么完全独立于国家,要么很大程度上独立于国家,因而,法律发展的重心从辽远的远古时代起

---

① ［奥］尤根·埃利希:《法律社会学基本原理(Fundamental Principles of the Sociology of Law)》,九州出版社 2007 年版,第 842 页。

就不在于国家行为,而在于社会本身。在埃利希看来,这一判断并不仅仅适用于法律机构,也同样适用于裁判规范。也就是说,从远古时代起,裁判规范就已经从社会联合体中提取出来了,立法不过是追随这些社会机构,做出一副科学的样式来发现它们而已。

显然,这一判断可以说是埃利希思想的精华之处,即它将一切再次回溯到社会之中,从中探寻国家法的根源。并从中探寻出国家法的性质,这一以贯之的思维始终伴随着埃利希对法律问题的思考。

第二节　法 的 成 长

一、法成长的维度

在对社会层面的法和国家法的具体运作进行分析之后,埃利希回到了法的起源、法的发展等相关基本问题的探索。埃利希指出,在大家并不认同法的起源和发展即社会习俗制度的起源和转化的情境中,对这些属于形而上问题的探讨就是必要的,也就是说,当前也需要回答"法究竟是仅仅通过立法而成长,还是通过立法与'习惯法'两种方式成长? 今天是否还存在习惯法? 如果存在,通过立法是否可使其成为多余的东西?"[①]因为,虽然国家的直接干涉可对法律成长过程发生此种或彼种

---

① ［奥］尤根·埃利希:《法律社会学基本原理(Fundamental Principles of the Sociology of Law)》,九州出版社 2007 年版,第 864 页。

的影响，但显然，这种干涉是零星的，是个体的，而非整体宏观的。因为，国家并不能从整体上加快法成长的速度，也不能中止法成长的进程，法成长的列车在时间隧道中的跋涉不因这种干涉而停止。只要社会中新的习俗不断产生（这是历史的必然），那么现有的习俗制度就会不断产生，国家如何行为都无法改变这一历史事实。而一言以蔽之，埃利希所认为法成长的维度至少有两个：即国家层面和社会层面。其中，社会层面的维度是根本性的，最初意义上的。而国家层面的维度则是外化的，是次级意义上的。

那么，接下来就需要证明法的成长并非完全基于立法，甚至本质上主要不是基于立法。埃利希依旧延续着历史主义的进路对欧洲各国的法律发展进行回顾并指出：对于法的发展而言，即便在国家已经完全掌握立法控制权的地方，法也总是会发生着大量非由立法而导致的巨变，显然，这一判断也完全可以适用于今天法成长的模式。埃利希指出，中世纪奴隶制在欧洲的消失，16 世纪开始的英格兰农民的日益自由以及与之同时开始的德国农民自由的日益萎缩，现代工业发展所带来的契约法、家庭法内涵和形式的变迁等当然都属于法的变迁，但是，这些实际上并非是通过立法，而是通过习俗，也就说通过习惯法完成的。即便是今天，习俗内涵的变迁也从未间歇，试想"信托、卡特尔、工会、罢工以及集体劳动协议等几十年前又在何方呢？"①今天社会各个层面所存在的形态与久远的，甚至是与极

---

① ［奥］尤根·埃利希：《法律社会学基本原理（Fundamental Principles of the Sociology of Law）》，九州出版社 2007 年版，第 864 页。

为临近的历史时期的社会形态都完全不同。这些国家并不参与其中的变化,对于我们而言,即意味着新的法。

此种新的法的形成则是旧的规则经由社会中各个个体特性之相互作用而最终勾勒出的集合体,并且,这个集合体的运动是永不停歇的,这就是法成长的生命之所在。如果非要对埃利希关于法的成长的逻辑进行概括的话,那么毋宁说是法的发展永不停歇,其生命在于构成社会之特性个体的互动,而决不是,或者说主要不是立法。因为在埃利希看来,所有时代中,构成社会的主体及他们之间的相互关系都具有鲜明的特征,而此种特征的不断累积就构成了断代法律秩序之间的鸿沟。我们自然认同当代的法律秩序与中世纪的法律秩序存在巨大的差异,但又有多少人肯去探寻这种巨大的不同所经历的那种微小变化的积累呢?这种永不停歇的微小变化究竟是如何发生的呢?要深刻理解法成长的逻辑,就必须进一步追问这个问题。而埃利希对这个问题的回答仍是通过联合体这个概念进行过渡。

埃利希指出,经历永不停歇变化的是“各联合体之间,共属同一联合体成员之间,以及共同构成某一更高等级联合体之子联合体之间的权力分配”[①]。权力分配的每次变化都会引起联合体中社会规范的变化,因为,联合体和构成联合体的成员各有不同的规则体系,尤其是在社会发展的高级阶段。联合体之所以可使个人服从联合体秩序不过是因为遵从集体规则的收益更大,但当社会中的个体所归属的联合体越来越多种多样,

---

① 　[奥]尤根·埃利希:《法律社会学基本原理(Fundamental Principles of the Sociology of Law)》,九州出版社 2007 年版,第 870 页。

且个个联合体所要求的规范越来越不相同,甚或相互冲突之时,它们就需要形成一个妥协。简单而言,个人加入某个联合体乃是基于各种因素之综合考虑,而联合体吸纳成员则需要成员遵从一定的规范,但是,这两者之间往往并不能形成和谐,而往往需要在相互索取之间达成一种妥协。这种妥协则会随着联合体各种力量内容或效果的变化而变化。

为说明这一过程,埃利希举出家庭法和财产法方面发展的例证。埃利希指出,家庭法的发展有一个家庭首脑权力日益衰微,而家庭成员之间日益独立的过程。这一过程其实正是家庭权力分配变化所引起的,即家庭成员和所属联合体之间的妥协所引发的。现代社会中,个体家庭已经不再是一个自给自足的经济单位,因而,家庭成员需要走出家庭为生计打拼,这种自立的方式使现代家庭中的家庭首脑的影响力不断下降,其他成员日益独立于他。家庭法中妇女地位的变化可以非常明晰地表征出这一过程。随着家庭生产性功能的丧失,妇女传统的活动范围被缩小了,也就是说,妇女随着个体家庭生产功能的丧失而丧失了传统的生产活动领域,但显然的问题是,为了养家糊口,她们往往需要走出家庭,寻找新的活动领域。欧洲各国的法典所限定的妇女法律资格并不适用于新的变化,实际生活中的这些新变化将建构出新的习俗,并日益向立法施加压力,要求获得承认。因而,《德国民法典》之前对妇女法律资格的限制条款被废除了,法国民法典对已婚妇女资格的限制在实际生活中并没有任何的生命力:事实上,它形同虚设。因而这样的家庭法自然无法逃脱被废除的命运,因为,这些规定与我们的生活模式相悖。同样,财产法的发展也遵循着这一规律,因为

"大规模工业的兴起、常规邮政服务的引入、改善的道路、改进的货物运输设备……"①常常建构起新的财产移转、交易的新习惯法。

　　也就是说,在埃利希理论体系中,法成长的纬度根本而言,都是社会性的,都以社会发展为基础,而社会发展之动力在于随社会时刻变更的社会主体及其关系。法律关系应法律行为而生,新的法律行为在时间的流动中将出现并取代旧的法律行为,并因之形成新的法律关系,"新的联合体将形成,新型契约将被缔结,新型遗嘱声明将被做出……"②但是,这些变化往往并没有出现在法律条文中,因此,在法学家的眼中,法律是没有发生变化的,因为他们只看到了法律条文。但是,哪一个法律不是建立在个体所做的行为之上呢?行为内容的变化又怎能不是法的变化呢?埃利希以农业中附用益权租约为例指出:我们简单回顾一下奥地利或德国民法典几近于无的条款就会发现,它们决不足以满足两国农业之所需。事实情形则是,社会的发展使得农业中的附用益权租约成为一种习俗,其技术性的表述赋予了它弹性的内涵空间,使得这一概念可以涵括现实中的所有情况,从而在不涉及制定法的情形下推进法的发展。在诸如此类的情形下,制定法往往是多余的,因为,即便没有制定法的介入,历经考验的制度也可以给经济生活和法律带来繁荣。

---

　　① ［奥］尤根·埃利希:《法律社会学基本原理(Fundamental Principles of the Sociology of Law)》,九州出版社 2007 年版,第 876 页。
　　② ［奥］尤根·埃利希:《法律社会学基本原理(Fundamental Principles of the Sociology of Law)》,九州出版社 2007 年版,第 876 页。

二、法成长的路径

那么,法为什么会处于永久的变化过程之中呢? 在埃利希看来,这是由于,人们交往所发生的法律关系不断给法提出新的问题。而这种不断变化的法律关系总是能够形成新的习惯,这是不需要立法者批准的。也就是说,法的巨大革命性变化并不发生在法律命题之中,而是发生在社会关系之中,是社会关系建构了法的成长基础,而法律命题总是滞后于社会层面法的发展。一定程度而言,法总是和人们的生活之间存在着距离,并常常会和现实中活的规则相冲突,而克服这种冲突的路径就是法成长的路径,这要从法具体适用的技术中去寻找,其中既有规范之内的路径,也有规范之外的路径。

首先,法成长的路径在规范之内,且主要在于国家法规范之内。这个过程的完成主要是通过一些原则性的规范之解释来实现。在社会之法遵守传统的框架之内,它完全可以通过法律文件起草的技术,以不同的措辞来丰富本来内涵就开放的诸如善意(bona fides)等概念,并以此作为司法裁判的依据。通过这种路径,善意、诚信等变成了活的社会层面法的源泉,继而成了裁判规范的源泉,也最终成为了法律命题的源泉。

另外的一个路径主要在于国家法规范之外。这里就涉及到一个重要的技术——"投射(projection):即将建构之时以某种措辞表达于法律命题之中的法律概念不做任何改变地使用于未预期的情形之中"①。法学上的投射本质属性为社会生活的内部变迁对裁判规范的直接影响。对于国家法而言,这种技术是至关重要的。以投射技术应对社会生活的内部变迁是维系国家法稳定的基本途径,在社会生活未发生根本变迁之前,投射表面上维系了法的稳定性。显然,在埃利希看来,法的内容仍然发生了变化。只不过,在国家法所表现的形式上,投射发挥了保持法律命题形式不变的作用。然而,既然社会生活的变化永不停息,这种内部的技术也就有一个限度。最终,法的成长要突破这一限度,并进而出现新的国家法。

也就是说,在埃利希看来,投射事实上介于法律适用与法的发现之间,是一个连接前者和后者的技术桥梁。因而,事实上,它兼具二者之特征,只不过"时而带有更强的法的适用特征,时而带有更强的法的自由发现特征"②,这种属性由于具有创造性司法官的加入,而使其在法的成长过程中显得更加重要。如埃利希所言,社会力量的摇摆不定所导致的是社会之法和国家法之间界限的不断变化,社会规范所保护的利益一旦变得足够重要,就可能成为国家法所保护的范围。成就这一过程的,显然并不仅仅是立法,创造性的司法活动,凭借投射的技术也可以实现某种利益的保护由社会层面迈向国家层面。也就是说,法官可以通过投射将某种社会规范当做国家规范而投射到该国家规范原初未预期的法律关系之上。对于这一判断,赌

---

① [奥]尤根·埃利希:《法律社会学基本原理(Fundamental Principles of the Sociology of Law)》,九州出版社2007年版,第888页。

② [奥]尤根·埃利希:《法律社会学基本原理(Fundamental Principles of the Sociology of Law)》,九州出版社2007年版,第890页。

博抗辩权具有典型的例证特征,这一建立在社会性规范基础之上的抗辩,通过立法和司法裁判的作用,最终成为了国家层面的法律规范。这一过程的接点则是公众的意识,也就是说,一旦公众认识到有社会规范涉及到公共利益,那么,这些规范就必定将成为国家层面的规定。而同时,这里就引进了社会规范层面的法升格为国家法的又一种路径,即通过道德或社会变迁。

埃利希指出,罗马法中家庭法中的家庭权力的变化,以及所有权法中所有权力的变化都表明了大众意识对法变迁的影响。国家接手对民事诉讼程序的控制则完全由于大众意识的变迁,即来自人们对国家司法功能认识的变迁,这一变迁即诉讼属性由私力救济转向国家救济的理念变更。但是,这种变化如何发生呢?埃利希认为,这主要发生于无意识过程之中。因为,在规范的形成过程中,所使用的措辞总是要经过不断的磨合,以使其能够获得各方的认可。而措辞本身也不断变化,吸纳新的内容,甚或引入新的措辞,从而对法的发展产生影响。个人有意识的行为也会参与到法的发展过程之中,虽然这些个体的影响常常很快在历史中被遗忘,但恰是这些累积的个人的贡献,才使得在历史长河之中变迁的法发展成为今天的法。而这,当然不可能依赖国家来完全实现。

综上而言,法的发展历程从本质而言仍然是社会性的,虽然其路径存在国家和社会两个基本模式,但它仍然不能脱离社会的最终决定。因为,国家仅仅是社会联合体之一,除了军事力量之外,国家所能支配并促使法进化的力量也仍来自社会,国家所拥有的推进其层面法的力量也不比社会所拥有的力量更为强大,也恰因为此,要科学掌握法成长的路径,就必须要正确认识到：法学也同自然科学一样,有着不可逾越的界限,有着必须尊重的社会规律,只有从社会中寻找法,科学的法学才能真正建立起来。而这早就被经济学这一社会科学所倡导的建议在当代似乎早已被法律家抛在脑后,这不能不说是法学的悲哀。

第三节 法典的建构

一、法典的三大要素

对于国家法而言,标志性的表现就是法典了。在欧洲法律发展的历史过程中,法典的代表有法国法典、奥地利法典、普鲁士法典和之后的德国法典。但要对法典的发展脉络进行考究,就无法绕过优士丁尼的《国法大全》。《国法大全》主要包含三部分内容,分别为法学文献,即教科书和文献阐述;法学家法,即以文献阐述形式呈现的法学家之回复以及裁判官和皇帝的裁判;国家法。优士丁尼《国法大全》中这三种主要的组成成分在历史的长河中经受着不断的考验,在走向现代法典的道路上经由历史的筛选而或存或亡。其中,一开始就未以法律命题表征而仅为法律科学的部分还保持着最初的状况,即仍然是法律科学。这部分内容构成了法典现代化过程中的理论基础。而之初表征为国家法的那部分则消逝出了历史的舞台。这部分退出历史舞台的内容,包括了皇帝谕令、元老院决议等。埃利希指出,虽然优士丁尼《国法大全》将这三类不同渊源的规定汇编成了一部法典,但是,他并未因此使之成为一元的整体,它们各自保留着原始烙印。这种各自不同的属性特征则是评价现代化道路上法典的重要步骤,即如果要根据《国法大全》之标准对欧陆地区某一私法典进行评价的话,首先要做的就是将其中的三大渊源的部分相互区分开来,并探寻某一私法典特定构成究竟归属于何种渊源。

埃利希指出,各处法典的主要组成部分为欧陆共同法。中世纪及现代,欧陆所接受的共同法大部分还只是法院的裁判规范,而实际上,欧陆共同法在欧陆人民的生活中所发挥的作用要远过于此。事实上,现代调查已表明,欧陆共同法是欧陆人民日常生活所不可或缺的一部分,成为了它所在适用疆域内的活法。欧洲大陆的罗马法继受使得欧陆共同法固定而清晰的法学术语和

赛缪尔·普芬道夫(Samuel Pufendorf)(1632—1694)是17世纪德国最杰出的自然法学思想家,被认为是"自格老秀斯所开始的近代自然法传统的构建者与系统化者"。

全部法学技术成为欧陆所有地方共同法不可或缺的部分,而这些显然对法典建构起着极大的影响。因而,欧陆法典主要构成部分是欧陆共同法。法典的第二大构成部分则取自本土法汇编中的法律命题。各式各样的国家法、16世纪德国法修正以及15世纪法国的民间法官方陈述对之后的立法意义重大。对于欧陆而言,15、16以及17世纪的法典化就是对当时有效的日耳曼法的法典化,经过法典化后而表现为法律命题的这些法律关系,则在形式和内容上都成为了法学家法。因而,在埃利希看来,法典的第一种和第二种构成部分事实上都是法学家法。

那么,第三种呢?

进入现代法典的第三类素材是自然法。那么,自然法的属性又究竟如何呢? 埃利希指出,习惯上认为,自然法因德国法律意识反对罗马法入侵而建立起来,但是,这一观点并非完全正确。事实上,从早期普芬道夫(Pufendorf)开始,自然法的教授者都不是法学家,因而,他们从早期追求工业正义,追求强势国家,到之后追求立宪主义、人民主权、个人主义等毋宁说更是经济诉求的表达。自然法的教授者为实现个人主义之理想,在罗马法中寻求价值判断的历史依据,认为"罗马法中所存留的是……没有负担、无序分割的土地,契约自由,本质上平等的继承权"①。它们将其披上个人主义法哲学外衣,在个人主义和契约自由主义的框架内,创造出都市资产阶级发展所需要的大多数法律制度。自然法学派的形成则从此种价值公理之上以近乎数学的精确度创建了一整套法律制度,尤其是私法制度。然而,这个过程事实上就是规范的发现,一种以现存经济社会秩序为基础的活法的发现过程。因而,在自然法学家那里,罗马法往往与之和谐相处,并经过自然法学家的理想法哲学所推进的评论而再次成为厚重的系统。也恰因为这一原因,自然法,作为现代法典的第三大构成部分,也是法学家法。

到此为止,埃利希实际上证成了这么一个判断,即现代法典的构成要素为法学家法,现代法典的形成过程实际上是法学家法的法典化过程。只不过,在不同地域,不同的构成部分所

① ［奥］尤根·埃利希:《法律社会学基本原理(Fundamental Principles of the Sociology of Law)》,九州出版社2007年版,第924页。

占的分量相异而已。比如普鲁士法典包含更多的罗马法因素,
法官民法典更多取自本土习惯法,而奥地利民法典则主要受自
然法支配。无论如何,实际层面中的国家法几乎很少包含于
内,也就是说,这些法典大体都是法学家法的制定法形式,也就
是说,法学家法对法的发展具有首要意义:法学家"将现行法
记录下来,并作出可能基于政治理由的必要修正"①。较之前三
部法典而言,晚一个世纪出现的德国民法典所立基的法学也仍
然是欧陆共同法学,同样采取了法学家法的形式,法学家仍然
发挥着重要的作用。

二、法典的任务及其实现方式

那么,为什么要法典化? 为什么会由法学家来进行法典
化? 这就涉及法学家法法典化的任务。埃利希指出,法典的任
务在于总结法典化之时法学的发展,并推行法学技术无力而为
的改革。这实际上是两个不同的任务:一为总结,二为改革。
对于第二个任务,立法干预是不可或缺的。在埃利希看来,法
典并非医治法学家法所固有的弊病的唯一良药,法学家法庞
杂、无体系以及多争议的弊端除依靠法典化克服之外,诸如法
律援引等技术也同样可以克服这些缺陷。其他形式如一些评
议集,甚至是私人所进行的,也同样存在着此种意义。

但是,到法典化为止,法学家法最终被植入了法典,具备了
国家制定法的形式,但是,这种形式上的变化对"法"的发展有

---

① [奥]尤根·埃利希:《法律社会学基本原理(Fundamental Principles of the
Sociology of Law)》,九州出版社 2007 年版,第 932 页。

何影响？之后的法学自此是否只是基于法典而运转？百年不变的法典背后的法内容难道没有任何的发展。法学研究的素材难道没有变化？显然，再愚昧的人也会承认，法典所反映的社会生活无时不在变化着，事实上，从法典化的那一刻起，其所反映的社会生活关系就已经大不相同。那么，法典如何对变革中的社会关系作出应对呢？当那些法典并未提及的法律关系与国家机构发生联系之时，法学家如何通过关注法典来对现实层面的法律关系作出解释？这些都是法典需要承担的任务，而这些任务需要法学家来承担，即他必须回答"是否可在法典中发现合适的裁判规范"[1]，或者说他需要回答"是否可在法学上建构进行解释该法律关系？"[2]

要完成这些任务，就必须突破一系列传统的僵化观念，其中一个典型的僵化观念就是"伴随着法典……立法者的权威命令已经为法学活动画下句点……不仅是过去，未来也同样如此"[3]。埃利希指出，这种认为法学家必须完全在法典框架下寻找解决方法的认识是荒谬的，这实际上要求法典完全制约实际社会生活的发展。如果法典确实可以让经济发展停滞在不超越法典所归纳的范围之内，那么，它当然能够迫使法学停滞。但是，事实情形却是，法典没有改变，而社会生活却永不停歇地变化。但是，对这些新社会关系的调整和规制并不是通过立法

---

① ［奥］尤根·埃利希:《法律社会学基本原理(Fundamental Principles of the Sociology of Law)》,九州出版社 2007 年版,第 942 页。

② ［奥］尤根·埃利希:《法律社会学基本原理(Fundamental Principles of the Sociology of Law)》,九州出版社 2007 年版,第 1102 页。

③ ［奥］尤根·埃利希:《法律社会学基本原理(Fundamental Principles of the Sociology of Law)》,九州出版社 2007 年版,第 944 页。

的途径而实现。因为"新的联合体、新型契约、新型企业形式、死亡情境中的新型意思表示都获得了运用,并在法典框架范围内和范围外发现了恰当的裁判规范和救济方法"①,而这都是法学功能真实发挥的结果,因为真实的法学功能在于:"为新的社会和经济发展发现适于法典框架的新的规范,且在不违反法典的前提下建构起适用于新发展的裁判规范。"②而所有这些任务,法学家不仅能够履行,且无时无刻不在履行!

在埃利希看来,法典不会使法的发展完全停滞下来,也不会使法的成长完全依赖于立法。由于法学家法所依赖的社会关系的时刻变迁,由于法学家创造性的活动,活的社会法、起草法律文件的技术和学问,以及创造性的司法裁判仍然会在法典化了的情境中持续前进。法典包罗万象、无所不能的形象或许可在优仕丁尼、约瑟夫二世、弗里德里克二世以及拿破仑一世的统治下维系,或许法学在法典刚刚出现的时期内的确没有存在的必要,但是,时间会说明一切,用不了多久,新的问题就会出现。法典没有回答或至少没有满意回答的问题将使法学一次又一次地背负起其永无止境的使命,那就是使法律服务于生活。而其所使用的技艺仍然是古老时期就已经存在了的,也恰因此,越是古老的法典,其修改和增补工作就越清晰可见——那是法学为其留下的历史烙印。同样,德国法典、法国法典也无以摆脱这种历史的宿命。

---

① [奥]尤根·埃利希:《法律社会学基本原理(Fundamental Principles of the Sociology of Law)》,九州出版社 2007 年版,第 946 页。
② [奥]尤根·埃利希:《法律社会学基本原理(Fundamental Principles of the Sociology of Law)》,九州出版社 2007 年版,第 946 页。

第八章　法社会方法论

第一节　法律史与法学

埃利希法社会方法论的论证是当前我国法学界对埃利希法哲学思想研究中提及频度最高的部分,几乎所有提到埃利希法哲学思想的研究者都免不了提到他所进行的法律研究的社会学进路,也常常反复提到埃利希介绍自己方法论时那个似乎很逻辑的推理,即科学和艺术并不冲突,二者都需要特定的技能,因此每一个研究者都需要创造出他自己的方法。因而,埃利希在许多研究者看来,也创造性地建构了新的名词和新的方法,即广为人知的"活法"和"自由法"论者。而事实上,正如我在第一章所言的那样,埃利希并未有意地去创造些什么所谓新的东西,恰恰是为了更为科学的研究,才去发掘出本就早已存在的技巧。而这种取向构成了埃利希法社会学方法论的基本导向,因为无论怎样,埃利希所运用的法社会学研究方法都是存在了的,埃利希也坦诚地告诉我们事实确实如此。虽然他希望研究者专注于永远探求与其个性特征相适应的新方法和新技巧,但必须承认的是,埃利希显然极大地受到卡尔·马克思的影响,试图从社会生活中找寻到法律发展的规律,因而也就决定了他所主张的方法进路方面的一切回归社会的取向,即基于对社会观察的方法,无论这个社会是历史的,现存的,抑或是未来可能出现的。这构成了埃利希法社会学方法的前提和贯彻始终的原则。

一、法社会学的对象

正如所有其他自然科学以及社会科学一样,法律社会学所立基的前提是社会所为它提供的素材。而怎样从这些素材中探寻到法律发展的真理则是方法问题。从人类智识发展的逻辑来看,所有这些都是通过对社会现实的观察而实现的。那么,什么现象是应当观察的对象呢? 为了理解和解释此类现象又该如何收集所需要的事实呢? 显然,这是社会学研究一个问题时需要面对的问题。一个法律社会学家要科学理解法律就首先需要关注法律领域中的社会现象,在埃利希看来,这些法律现象首先是惯例,即在联合体内部分配成员地位和任务的规则。其次是法律命题。当然,这里,法律命题仅被视为一种法律现象,也就是仅涉及法的起源和作用,而不具体涉及其适用和解释。最后则是所有导致法产生的社会力量。埃利希认为,要正确地认识法,研究者必须收集导致这些现象出现的事实,并对它们作出解释。

但是,过去的法学显然并没有这样做,因为它们的注意力完全放在了法律命题之上,而对其他现象则鲜有触及。即便是其所研究的单纯的法律命题现象,传统法学的研究方法也几乎完全是文化人类学和历史学的,也就是说,我们所拥有的关于法学不过或属历史学,或属文化人类学。同时,由于文化人类学基于"所有民族的法都经历近乎相同的发展阶段"①"因而它也基本上是历史的。那么,既然如此,法律史的方法对法学研究究竟具有怎样的意义呢? 埃利希所欲以阐述的正是这一重要的问题。

埃利希承认,法律史的主要功能在于为法学研究提供素材。但是,这种素材究竟对于法学的科学研究有多大用处? 因为,法社会学所要考究的是法所发展的具体全景,而显然"任何一个严肃的法律史学家都不会认为,他可以仅根据流传下来的法律命题介绍出过去一段时期内的所有法律,例如,他无法根据即便完整保存的《十二铜表法》完全推得当时的罗马法状态……"②因而,无论怎样,法律史之于法学的作用,都是有限的。尽管当代解释传统材料背后义涵的能力技术已非常发达,但仍然无法阻止那些仅能通过观察而获得的信息在历史流淌过程中遗失。埃利希指出,尽管如此,法律史对于法律社会学而言,仍然是至关重要的,这种重要性恰如历史法学派的先驱所指出的那样,"法律命题和法律制度从人民的生活中生长起来,从经济社会的整体构造中生长起来"③,而这一点决定了它对法律社会学所具备的价值。如果法律生活现象存在某种统一的规律性,法律社会学的任务就是发现它,表述它,而发现和

---

① 〔奥〕尤根·埃利希:《法律社会学基本原理(Fundamental Principles of the Sociology of Law)》,九州出版社 2007 年版,第 1038 页。

② 〔奥〕尤根·埃利希:《法律社会学基本原理(Fundamental Principles of the Sociology of Law)》,九州出版社 2007 年版,第 1040 页。

③ 〔奥〕尤根·埃利希:《法律社会学基本原理(Fundamental Principles of the Sociology of Law)》,九州出版社 2007 年版,第 1040 页。

表述的路径只能联系社会和经济发展而进行,因而,法律社会学需要从社会和经济的历史中提取素材。

这里,埃利希再次将重心落到了社会,尤其是社会的经济结构上,并以此引出了对于法律社会学而言极为重要的实用法学的成果。很显然,实用法学主要是形式层面的,而法律社会学的关注点则在于社会的内容。那么,实用法学如何能够为法律社会学所用呢? 埃利希从科学发展的普遍性来论证实用法学之于法律社会学的意义。他指出,正如"任何一种技巧都是一门真正学问的起点"一般,实用法学也同样受到这一规律的制约。进而,尽管实用法学的研究对象为裁判规范,但这不过是形式层面的:裁判规范从社会构造中来,它要为实用法学研究者所意识,并通过技巧总结出来,那么,就必须借以它与之相互建构的社会结构联系来理解。正是在此意义上,实用法学与其所陈述的规范一道展现出一幅社会图景,这幅社会图景中,实用法学所陈述的规范具有效力。展现这幅图景的工作由那些极具天赋的法学家来完成,即那些在古罗马时期、巴托鲁斯时期以及近年来我们所敬仰的法学家。法学教育的功能就在于"为那些有志于法学创造但却不了解生活者提供一个必须要从事的一手生活研究的替代物,同时为之提供他们从未进行过的观察"①,这种观察以及由此衍生的裁判规范则是法学中的科学要素。正是从这个层面上而言,法学实际上是社会生活的形态学。法学对其所有活动的分支进行描述,并通过体系化(sys-

---

① [奥]尤根·埃利希:《法律社会学基本原理(Fundamental Principles of the Sociology of Law)》,九州出版社 2007 年版,第 1044 页。

tematic)将各个分支材料组织起来,分类管理。而正是在这个意义上,法学总论部分也就具备了它自身的科学元素,因为其展示出了法学自己的内部结构。

二、历史法学方法的意义

一般而言,实用法学仅仅处理特定实证法律体系中的法律命题。这决定了它完成法律命题探讨,继续对法律命题所借以依存的社会生活关系进行描述时,往往局限于对某一实证法律制度所支配社会形态。但是,即便是这样的法律描述,也必须基于特定的人类关系,而这些人类关系则是独立于法律命题的。对于发展阶段类似的人类文明社会而言,嵌入其中的“国家及其附属部门、人、所有权、物权、契约、继承无处不在”[1],并总是会呈现出一系列固有的共同特征。正因为此,在实证法律制度无涉的前提下,展示出这些法律关系就是可能且可行的。法律社会学的首要功能也恰恰在无涉实证法律制度的前提下对不同法律关系的共同要素进行解释,并研究各类法律关系的特性、其因其果。法律史的研究则基本在狭义公法领域完成了此类工作,而私法领域中,欧陆共同法学家们也已经为这项工作的完成开了先河。

埃利希极其赞叹地对欧陆共同法学家的这种连续不断的研究表示敬重。他以“宏伟(magnificent)”一词来形容欧陆共同法研究对两千年以降的欧陆法学的历史传承,“它的基础是《国

---

[1]　[奥]尤根·埃利希:《法律社会学基本原理(Fundamental Principles of the Sociology of Law)》,九州出版社 2007 年版,第 1044 页。

法大全》……它的根埋藏在史前时期罗马的祭司法学中……"
从那时起,罗马法学家的法学一直以来就通过口耳相传的链条
而连接着一代又一代的研究者,融合各种新生的元素,保留着
从远古时期就已经存在但历经变迁而越发闪耀的元素,历经注
释法学派、后注释法学派中法学巨匠的打造,使得这每一代中
看起来各具特色的法学成果,仍然保留着一种历史传承的雕
琢,"如果说巴托鲁斯和巴尔杜斯的学说十分不同于注释法学
派的学说,施特吕克和劳特巴赫的学说十分不同于乌尔里希·
扎休斯的学说,温德沙伊德和德恩伯格的学说十分不同于反格
罗的学说"①,则这种差异不过是因为不同时期有不同的需求,
而需求创造倾向、方法及理论,适应最大多数层次的需求,则是
法学永久的功能,正是这种功能赋予了法学非凡的生命力,赋
予了欧陆共同法学家法学所取得的惊人的历史成就。

也正是在这种意义上,埃利希认为,中西欧罗马法学家的
法学在某种程度上是一般性的法律科学,而不仅仅属于某一特
定法律制度。它为科学的法律社会学建构了一定的前提基础,
这些前提即不受特定法律制度、特定民族、管理或习惯要件之
约束之确定的法律术语,可被每个法学家接受的法律语言。埃
利希指出,德国贝塞勒学派(Beseler's school)的贡献已经表明,
其法学不仅可以服务于罗马法诸学派之法律科学,也可以服务
于任何法律科学。而因此,法律社会学必须立基于欧陆共同法
学来继续其工作。尽管,法律社会学常常被谓之"法的一般理

① [奥]尤根·埃利希:《法律社会学基本原理(Fundamental Principles of the
Sociology of Law)》,九州出版社 2007 年版,第 1048 页。

论"或"法学概论",但这并不能否定它的科学性,因为,它的抽象概念并不是来自各个民族法律制度的法学,而是来自民族法律制度的活的内容。它也不涉及法学法律基础的真实解释,相反,它必须在司法和生活的过程中进行诠释,而制度恰在此过程之中完备了其所采取的形式。

为说明欧陆共同法学之于法的一般科学之适切性,埃利希提及了英国法中的非要式契约的例证,这是欧陆法学家所不易于理解的。基于此例证,他明确地指出,法学的发展需要从民族的樊篱中解放出来,而欧陆共同法的研究恰恰是这种解放的一个出路。对于一个民族而言,无论它多么伟大,也不可能闭塞地发展出一门完全的科学,这一判断已为历史所证明,当然也适用于法学的发展。埃利希指出,虽然在今天法典化的过程中,欧陆共同法学的国际科学活动被民族实用法学和民族法学理论所取代,但这不过是一个过渡性阶段。立法的差异并不能阻却一个"共同实践性、科学性形态学和规范的创造"①,而欧陆共同法学术著作也已经为此建立了一个极好的基础。同样,维希特(Wachter)的作品成功地将奥地利法典和普鲁士法典和欧陆共同法链接起来,并由此开创了一个新的时代:"一个地方性或特殊性的法律制度并不必然排斥一般法学,因为法律科学主要关注的并不是法律命题,而是生活形态。而生活形态可以通过法律命题予以估量,但却不能通过严格解释予以获取。"②

---

① [奥]尤根·埃利希:《法律社会学基本原理(Fundamental Principles of the Sociology of Law)》,九州出版社2007年版,第1054页。

② [奥]尤根·埃利希:《法律社会学基本原理(Fundamental Principles of the Sociology of Law)》,九州出版社2007年版,第1056页。

实际上,这种知识的获取是法律史研究所提供的。因而,如果要使年轻的法学家获取比制定法中的法条更好的知识,获取曾盛行于欧陆大学中的解释性指导更深刻法律科学指导,那么,最好就是提供法律史、潘德克顿以及德国私法:法律史的研究开启了一扇通向一般法律科学的大门。

也正是在这种意义上,历史主义的研究进路对法律社会学的研究是基础性的。奥斯丁至少意识到了要寻求法的一般理论,他的追随者也都试图阐释独立于任何特定的法律制度的法学。在这方面,显然,即便是非欧陆的法学家也意识到,欧陆共同法比英格兰法学家所提供的法学基础要更为有益,这恰如约翰·斯图尔特·密尔(John Stuart Mill)所言,"不同法律制

约翰·斯图尔特·密尔(1806—1873),英国著名哲学家和经济学家,19世纪最具影响力的古典自由主义思想家。

度的细节确实不同,然而大的分类和排列标题也要不同就毫无理由了:法律上承认的事实,在所有文明社会之中的确差异很大,但还是存在足够的相似之处使其可在同一结构下进行排列。在更一般的层面上,不同法律制度中所用的术语可能代表同样的思想,可以被同样的定义来解释,从而使一种法律制度中明确且可认知的法律术语、排列原则,做一些添加和细节上的变化,也同样可为其他法律制度发挥同样功能。"①当然,这不

---

① [奥]尤根·埃利希:《法律社会学基本原理(Fundamental Principles of the Sociology of Law)》,九州出版社 2007 年版,第 1058~1060 页。

过是形式上的统一,不是法律社会学所欲追求的全部,但是,尽管如此,这种形式上的规律性追求至少包含了可能解释法律社会学所欲追求的法律关系的内容、法律发展的原动力及其统一的规律性的一部分素材,这恰恰是历史法学给法律社会学所留下的宝贵财富。

第二节　活法研究

埃利希活法论的研究对后世法学研究的影响是十分巨大的,对于中国也是如此。但凡有关西方法律思想史方面的研究,提及埃利希,就总绕不过他活法的思想,但他所谓的活法究竟指的是什么? 为什么有如此之所指,却并没有多少研究进行细究? 掐头去尾的研究方式常常使埃利希的活法论成为中国语境中的法律虚无主义,甚至升级为严重的自由化的规则虚无主义,从而为对此持批判和赞赏态度者提供了理论上的支持。但正如笔者在第一章中所言,对埃利希法哲学思想的研究,渊源如何? 流向如何? 都不是根据他所归属的那个学派而可任意臆测的,不是他给自己的法学著作冠以法社会学之名,或冠以“法的自由发现”之名,他就必然受到了他之前取得名望的某些社会学家的影响,或开创了新的司法过程的理论解释模式。对于埃利希法哲学思想,如果要寻找到真实的原型,那么,我们只能从他所提到的思想本源中去寻找,从他所生活着的社会背景和个人生活背景中去寻找。毕竟,他所生活着的时代远不如今天般信息交换通畅,因而,即便是看起来似乎是与他活法思想甚为相关的社会学思想,或法学思想,在没有材料支撑之前,我们都不能，也不应臆测对埃利希法哲学思想造成了影响，或受到了埃利希法哲学思想的影响。因而，这里关于埃利希活法思想的探寻也就严格因循文本分析的进路，尽量还原埃利希所指的活法论之原初样态。

一、法律命题学批判

在展开活法论述前，埃利希首先对他所处时代的法学研究模式进行了描述和批判。埃利希指出，当前具有影响力的法学流派主要关注于法律命题，并常常仅仅关注于法律命题。因为，这些法学家通常有这样一种默认的共识：即全部的法都存在于法律命题之中，并且，全部的法律命题都可以在制定法中发现。因而，因循这一逻辑，获取现行法知识所必须而为的不过是从制定法中收集材料，根据个体的严格解释来确定这些材料的内容，进而为法学文献和司法裁决之目的而使用这些解释。尽管偶尔也有人提及"法律命题可能独立于制定法而产生"，但这种并不合拍的观点也不过是德国的"法学文献中可以找到法律命题"，抑或是法国的"司法裁判"中可以找到法律命题的无法脱离文本的观念。习惯法的研究是不入流的，只有商法的教师与作者还关注于惯例，即商业习惯。这种语境之下，"法的研究者往往致力于过去法律命题的确定，因为人们相信，花费在历史上法律命题之研究的劳动之科学成果可获取对法律发展的认识，也可以对现在的法获取一种历史的理解。因为,现今的法律,即法律命题扎根于过去"①。埃利希指出,这就是当前支配法学研究的思维路径。

对于这种思维模式,埃利希显然是持批判态度的。在他看来,法律命题不可能涵括所有的法。这一判断对当今而言更为适用,因为当今的社会情形更加复杂。埃利希指出,《十二铜表法》和《萨克森法典》的编撰者们毕竟对其所处时代的法都有着直接的个人认知,他们的努力在于收集这些法,并以法律命题的形式系统地建构出这些法。但今天的法学家所关注的法律材料显然与之完全不同:法典,这个最为重要的材料,其编撰者也常常并未对他们所处时代、所处社会之法律给以丝毫的关注。他们的素材来自优仕丁尼的法律汇编,来自古老的法律陈述,来自并不属于法典时代的法学文献。这种情形在《德国民法典》中体现的尤为明显:因为其资料几乎完全是潘德克顿法的教科书,早些时期的德国制定法和法律汇编,以及外国的法典。也恰因为此,我们时代的法典适用于早于我们所处的时代,而我们现时的法是并不能从这些法典中推论出来的,无论使用何种法律技术。埃利希对法典化嗤之以鼻,他认为,现时而言,法律关系如此包罗万象,复杂多变,即便是欲将之装入一部法典之中的想法也是怪异的,也是不可行的。这无异于将流淌的一股水流限于一个池塘,哪里有这么一股水可完整地放入,即便可以,活水也就变成了死水。

正是基于这种对当今法典中法律命题的批判,埃利希引出

---

① [奥]尤根·埃利希:《法律社会学基本原理(Fundamental Principles of the Sociology of Law)》,九州出版社 2007 年版,第 1064 页。

了其活法的概念。也就是说,在他看来,法典颁布的那一刻起,活法就已超越了它而独立成长,并且和法典基本是脱离了联系的,因而,要认知真正的法,就必须认知这个庞大内容未被开垦过的活法。这个活法体系应是法律状态的完整图景,对此完整法律图景的描述却并非法律命题所能够完成的任务。因为,从法律命题的发展史来看,法律人总是从其兴趣所指向的既存实践需求抽离出法律命题,因而,由此而衍生的法律命题就非常有限。罗马法学家不关注商法、劳动法等实例恰好说明了这一点。另一方面,法律命题研究还存在着另外一个死结:它在以历史研究或史前时期研究获取对现代的理解,这种知识获取的方向一般而言都是错误的。埃利希借马赫(Mach)之言来进行解释,即"用一个习惯了的神秘取代一个人们不习惯的神秘"①。但是,现在人们所不习惯的神秘显然比过去要少,因而解释的时间流向应当是从今及古,而不是相反。正是在这种意义上,古生物学家可以借对活动物器官功能的知识来理解化石形态的动物器官功能,而动物学家显然不能从基于对古生物学的了解来推断他所研究之动物的生理机能。因而,正是从这个意义上而言,法律史和文化人类学的研究在方向上,对理解现行法没有价值,而仅仅对研究法律发展有价值。这恰如动物学家只有为了获取当今动物发展图景史才求助古生物学一般。

正是这个意义上,当今法学所使用的方法使我们不熟悉我们当今的法。因为,法律命题史之研究方法所支配下的当今法

---

① [奥]尤根·埃利希:《法律社会学基本原理(Fundamental Principles of the Sociology of Law)》,九州出版社 2007 年版,第 1068 页。

学几乎是无视现实生活的,甚至对过去的社会和生活也视而不
见。因而,法律人总是会发现令我们惊奇不已的事情,我们时
代的法律人常常将这些惊奇归功于偶发事件、奇特诉讼或报纸
上的奇闻轶事:它们"可能涉及到黑山的佃农;涉及到维也纳
中心区域(Brigittenau)令人迷惑的可继承建筑权;或涉及到布
科维那(Berhomet)地区特殊的可继承租约关系"①,但是,所有
这些都不是偶发的事件,只不过因为我们是在蒙着眼睛于黑暗
中摸索。对于法的理解,我们不能也不应以法律史学家通常的
托词,即"逝者已逝不可复"为由进行开脱,要认知现实中有效
的法,我们需要睁开眼睛,竖起耳朵,了解对这个地区而言重要
的东西。而这种方法进路,就是活法之研究。

二、活法之实例

那么,什么是活法? 埃利希一直以来所宣称的存在于社会
主体相互关系之中的法究竟是什么? 埃利希以一系列的实例
对活法进行了直接的解说,并指出,科学的法学必须直面此类
真实,而不能对之视而不见。

首先是《奥地利民法典》中涉及关于婚姻财产共有制度的
四个条款。对奥地利德意志农民而言,这些条款与他们生活中
所适用的婚姻财产共有制度没有任何关系。法典中规定的从
没有在实际生活中得到适用,因为它们总是被正式缔结的婚约
排除适用。如果法学不能认识到《奥地利民法典》中这些条款

---

① 〔奥〕尤根·埃利希:《法律社会学基本原理(Fundamental Principles of the
Sociology of Law)》,九州出版社 2007 年版,第 1068 页。

仅仅停留在纸面上,仅仅关注于上述四个条款中所表达的立法意图,对实际中处理财产共有的实际文件视而不见,并由此而自鸣得意地以为完成了所有法学任务,那么,这种法学又有何种价值呢?

其次是农业上的附用益权租约。当代法典中有关于此的有限的条款,尤其是《奥地利民法典》和《德国民法典》中有关于此的规定基本出自罗马法,其制度设计的基础是"适用大地产制度,有着广大受压迫的农民阶级的罗马帝国时期的枯竭的土地"。当今而言,它们从未被适用过。因为,现实生活中适用于当代现代社会和经济条件的附用益权租约之具体条款总是取代它们而适用。同时,这些因地域、被出租地产性质而异的租约也还是存在重复出现的典型内容。因此,当今法典中的条款,在埃利希看来是没有真正反映出这些典型内容的,因为它们并不再从对有关此种契约的实际观察,或处理有关此种契约的公证部门或律师事务所的档案中整理并提炼出来。

再次为德国或奥地利的农业制度。埃利希指出,法学文献中并不能获取对法学而言重要的土壤的经济性耕作方式之描述,这些对法学家所应关注的重要关系都紧密相连。第一,农场主之间的相连关系因经济目的和地产而发挥作用,但当今的法学文献对此基本只字不提。第二,除较小规模外,农业实际上预设着一个特定的劳动组织。在这个特定的劳动组织中,参与其中的任何人之权力范围、监督权利、特权和职责等部分是由习惯设定的,部分是由契约或制定法而设定的,进而演化成为一个技术上紧密相连、特别复杂的机构。如果不了解此特点,法学就不具备科学性。因而,法学研究必须要了解这些特点,从而从经济或技术角度来理解这种组织机构。

此外,家庭法也是需要关注的活法实例。家庭中常常出现与法典所确立秩序之间对立的实例。实际上,埃利希对家庭中实际存在与法典中所规范的那种夫妻关系、父母与子女关系、家庭与外部世界关系相一致的情形是持十分怀疑的态度的。哪里有外部看上去正常的家庭,而内部成员之间正针对对方要求行使法律文件所赋予的权利呢?显然,实证法对此远远未能描绘出生活的实际场景。而埃利希指出,法律科学和文献必须尽可能少地桎梏于对制定法的阐释,而必须探求家庭关系所呈现出的实际形态,尽管这些实际形态变化万千,但其本质却仍具有典型性和一致性。因而,如果法学不能指出实际所发生,而只是提出制定法规定了什么,则是并不成功的。

此外,有关活法的实例还有德国农民继承法以及奥地利之德国人聚居区农民继承法的调查,法学界认为,这些更接近于真实。然而,其他阶层、奥地利帝国中的非德意志民族和国民的此种调查并没有进行,法学文献满足于民法典有关规定,但难道不应追问这些规定实际发挥了哪些用途吗?

另一个典型的活法实例是商法法律部门,这是唯一非因偶然,而自始至终关注惯例的法学。即便是今天,对于法学家而言,大地产组织和共产组织,甚至银行组织的书也不过是尘封的典籍。法学家可以从商法典中了解商号组织之梗概,可以从法律角度和经济角度来理解现代商业中各种事项的重要意义。当代商法的契约法也并非取自《民法大全》,同样不是取自《民法大全》作者的勤奋思考。商事法典和制定法就有关买卖、委任、货物运输、保险和银行业务等所作的规定正在世界上某个地方被践行着,即便程度方面有所差异。同时,许多商业机构也正在新生,法学家需要对所有这些新生的商业形态,如卡特尔、托拉斯等保持认识,这为他们的研究开辟了新的领域。

所有这些,在埃利希看来,就是与法庭或其他裁判机构正在实施的法律形成鲜明对比的活法:即便未以法律命题形式出现,它们仍然支配着实际的生活。而我们关于此种法的知识来源主要是现代法律文件和对生活、商业、习惯和惯例、所有联合体的直接观察。这种观察是对法律认可和法律忽略甚或反对事项的整体观察,这是活法获取的真实途径。

三、活法获取的两种方式:文本和观察

在对活法进行例证,并对获取活法的方式进行简单概括后,埃利希开始具体论述获取此类活法之方法的探讨。首先的方法即是对现代法律文件的研究。

埃利希指出,当今时代中,仍然存在着有关活法知识的最重要法律文件之研究,其中重要的一种就是有关司法裁决的研究。但埃利希指出,遗憾的是,当今有关司法判决的研究,其目的并不在于检验其中所包含的法律关系的真实性,也不在于检验从中抽取的活法,而仅在于检验其中所包含的制定法之严格解释以及法律家之构建型解释的正确性。因而,从这个角度而言,这种研究甚至不如法官判例评注汇编者的思想基础更为深刻:因为对这些汇编者而言,司法判决是法的表达,它们所表达出的不是立法者为他们自己所绘出的法律图景,而是在法典已经生效后,法官意识中经年累月过程中衍生的图景。在这里,判例不是法律的仆人,而是成为了制定法有力的竞争者和替代

者。埃利希举出他之前关于司法判决中所包含之默示意思表
示之图景的研究,虽然没有进行深入,但已初步运用了法律社
会学的基本方法。

　　不过,埃利希紧接着指出,仅仅关于司法裁决的研究并不
足以反映出法律的完整图景。出现在法庭以及其他裁判机构
里的只是一丁点的真实生活,很多真实生活原则上或事实上被
排除在诉讼之外了,因为,正常的生活关系与法庭中所出现的
扭曲了生活关系常常是对立不同的。因此,从司法裁决中获取
的结果应由对生活的直接观察来补充。正是为此目的,现代事
务文件提供了一个能够变得至少与过去千百年方法一样富有
成效的基础。现代法律生活主要不是被制定法,而是被事务文
件所支配,因为事务文件常常将非强行法挤到生活之外:"活
法必须在婚约中、购买合同、建筑贷款契约、抵押担保贷款契
约、遗嘱、遗赠契约、社会联合体章程以及商号章程中去寻找,
而不是在法典的条款中去寻找。"①埃利希指出,这些文件虽然
各不相同,但除仅适用于个别交易的内容外,还必然涉及到那
些反复出现的典型内容,而这些内容则是此类事务文件的最重
要的内容,这些内容就是活的法。这方面,历史法学已经为我
们提供了一种可拿来适用的技术,并用以对现代文件进行研
究。但是,现代文件中的活法必须被挖掘出来,而这一任务显
然并不比历史文献的研究轻松。从法学层面描述这些文件和
契约中具有普遍性、典型性、反复出现的内容,并对其进行全方

---

　　① 　[奥]尤根·埃利希:《法律社会学基本原理(Fundamental Principles of the
Sociology of Law)》,九州出版社 2007 年版,第 1084 页。

位的评价,这是现代法学的首要任务。

埃利希指出,通过这种方式,至少可以获取文件范围内正在发生的图景,但细节上的差异则无法不借助新的方法来完成。例如,法律统计学层面的工作,显然是不容易,但确实是一旦完成就可能取得辉煌成就的研究。因为,如果哪位研究者可以设计出或开创出一种可以揭示出此种多样性的历史、经济或社会先决条件的话,这自然具有填补空白的意义。

不过,埃利希也对深陷法律文件之中,无法自拔的危险倾向提出了警告,他指出,"如果我们认为可以从这些文件中获取全部的活法,而不需再干点别的什么,那就大大高估了文件的价值"①。因为很显然,凡是流入到这些文件中进行描写的法律现象其实与生活中的法律现象就已经完全相异,甚至是扭曲变形了的,而活法恰恰是人们日常生活中所实际遵行的规则。因而,我们仅从这些法律文件去推导,无法获知真实的活法现象:"有谁可以从社会联合体或公司章程中推导出从字面文义看来对公司拥有完全主权的股东会不过是一群只会唯唯诺诺赞同的庸俗集会呢?"②文件中确实存在很多在传统中难寻的后果之类的东西,并且,这些后果常常是具有惩罚性的,但这些不过是应对最坏情形的防备,因而,习惯于正常生活的人们非到不得已之时,谁愿意提起这些呢?

因而,埃利希指出,法理学中的社会学学派用来检测法律

---

① [奥]尤根·埃利希:《法律社会学基本原理(Fundamental Principles of the Sociology of Law)》,九州出版社 2007 年版,第 1086 页。

② [奥]尤根·埃利希:《法律社会学基本原理(Fundamental Principles of the Sociology of Law)》,九州出版社 2007 年版,第 1086 页。

命题和法律文件的是现实生活,要保证科学性,就必须观察法院执行之法与活法之间的差异。文件中所记载的经过法院执行的法对于诉之诉讼的当事人而言,当然是法,但只是裁判规范,而不是活法。只有这些规范在当事人日常生活中也被习惯地坚持之时,它们才能够称之为活法,然而,正常的情形下,这种差异不可避免地存在着。这种生活之中之活法与文件中法的此种差异对立法和司法都至关重要。只不过,立法和司法似乎对此有着长久以来的视而不见之习。

那么,既然文件之中的所包含的活法如此有限,而活法又有着被充分认识的必要性,可行的方法是什么呢?埃利希指出,"除睁开眼睛,观察生活之外,访谈记录之外,别无他途"①,无疑埃利希也认为,勉强那些法学家抽身于书房,而走入生活的观察,无疑是有些苛求了。但这确是必须的,并且能够取得令人欣喜的成就。

哪些法值得以这种方式来研究?当然有很多,埃利希仅简单列举了一些实例:第一种即仍有效力的旧法。在埃利希看来,这些古老的法律实际上成为活在现行制定法薄纱之下民间法,实际上支配着人们的行为和法律意识。法律史学在此可以找寻到许多本属于过去的东西,尤其是那些在文件中没有记载的东西。在进行此类活的规则研究时,法律文件是可以忽略的,因为很显然,文件中所载之法不过是传统性和现代性兵戈相见之后的妥协。然而,事实中存在着大量的没有反映在文件

---

① [奥]尤根·埃利希:《法律社会学基本原理(Fundamental Principles of the Sociology of Law)》,九州出版社 2007 年版,第 1090 页。

之中的古老法律的痕迹,它们在历史的长河中经受着各种变迁的击打,有的已经成为过去,而有的则坚持至今。对于活法的研究者而言,必须要分清楚这些仍然存续的规则,以及那些被现代性所淘汰了的规则体系。此类例证可见于存在于《奥地利民法典》施行领域中的古老的家长制家庭公社,可见于包括整个罗塞尼亚人部落的完全不同于制定法规定的商业组织形式。但是,有些如埃利希自己所发现的布科维纳地区的罗马尼亚人的独立农民家庭共同体则已经消失在历史的流淌中,这是研究活法者必须要注意的。

对法学的观察而言,有生命力的新法律萌芽要比古老的已经垂死或可能垂死的法更为重要。埃利希指出,历史法学派提出了一个被广泛接受的判断,即"法律处于永不停滞的发展过程之中"①,但这一判断在不同的时代却被以不同的技巧而被利用。14 世纪到 15 世纪的法学家尚且注意法律制度的发展,注意实际生活中存在的家庭、人身依附关系、土地所有权等等法律习俗的发展。但这种法律史很快被立法法律史所取代,这种模式已经主宰了最近一个世纪以来的法律研究倾向,但即便今天,也必须承认,法律史仍然不可能建立在以公式表达出的法律命题的出现和消亡之上,它仍然如古老的过去一般建立在新的习俗的诞生,以及旧习俗的消逝基础之上。一个新生世纪中的法律关系显然不同于过去的一个世纪,但很显然,其中不过很少部分可能是因为立法的变更而变更的。相比于快速变革

---

① [奥]尤根·埃利希:《法律社会学基本原理(Fundamental Principles of the Sociology of Law)》,九州出版社 2007 年版,第 1092 页。

的法律关系所指向的社会生活关系,立法产生的变化微不足道。

　　因而,法律社会学必须从探明活法开始,它必须关注于具体,因为只有具体是可观察的。只有通过具体的观察,才会得出是否具有一般效力的追问。这正如解剖学家对人体器官的观察一样,从个体而到一般。法律工作也同样如此。为此,科学的法律社会学不能一上来就去关注"习惯法"或"商业惯例",因为它们已经是经过了一般化、约一化而抽象得出的东西,法院得出据以裁判案件的依据显然不是这些抽象之物,而恰恰是个案中特定的"惯例、占有关系、契约、联合体章程和遗嘱处分",只有我们真实地意识到这一点后,对活法的研究才能真正科学化,因为,萨维尼所说的法律只能从其历史背景中来的判断,用到活法的研究之中,就是历史背景不在久远的过去,而恰在当下的生活之中,法律命题就在当下的社会之中产生。

四、活法的独立价值

　　但埃利希对活法的所付出的情感显然要超越了法律命题,超越了司法机构的裁判规范。从生活中来,到生活中去,制序(ordering)的特征诉求使埃利希对活法的价值预期显然脱离了国家层面。出于对秩序的渴望,活法显然对社会的秩序具有建构的规制意义,而这就是埃利希所主张的活法的独立价值。

　　埃利希指出,活法具有重要的科学意义,具有独立的价值。因为它构成了人类社会法律秩序的基础,为了了解这些秩序,我们必须了解活法,即惯例、支配关系、契约、联合体章程等等,而无论它们是否已经或将要在司法裁决或制定法中表现出来。

为说明这一判断,埃利希指出,《德国商法典》一颁布就充满了缺漏,例如关于股票交易、银行等方面的条款,显然无法适应现代商业的发展,而实践中,商业创立了大量新的形式,这应当成为科学研究的主题。

为了完成科学研究的使命,活法的研究必须勇敢地面对各种方法所可能赋予的有益之处与挑战。比如,经济学已经研究过的,法的科学研究依然可以继续,文化人类学的方法和历史的方法依然要为我所用。更为重要的是,要了解法律的实际状况,必须要进行有关社会本身的贡献,国家的贡献,以及国家法对社会法实际影响的调查。必须通过调查知道,"一个国家究竟存在何种婚姻和家庭,存在何种契约以及一般内容如何……"[1]因为这些调查可以使得法的真实面貌呈现在我们面前,可以揭示出:两个不同国家立法尽管一样,但实际的法律却千差万别,比如法国和罗马尼亚。

而这些全都需要活法的方法,但埃利希指出,迄今为止,活法研究也是一个开放的方法体系,因为他不能给出一个健全的方法论体系。恰其如此,才证明,活法的追求是科学性的,因为对于科学而言,为实现新的科学目标,常常需要新的科学方法。活法也一样,为达成对法学的科学认识,一切新的方法都应为我所用。因为,以埃利希自己的话做结束语,那就是:活法研究中,"科学无限,方法也无限"[2]。

---

[1] [奥]尤根·埃利希:《法律社会学基本原理(Fundamental Principles of the Sociology of Law)》,九州出版社 2007 年版,第 1102 页。

[2] [奥]尤根·埃利希:《法律社会学基本原理(Fundamental Principles of the Sociology of Law)》,九州出版社 2007 年版,第 1104 页。

第三节 影响:埃利希法哲学思想的前世今生

一、理论渊源

历史只能描述而无法复制,要完全展现一个法律巨匠的思想几乎是不可能完成的任务。不过,我们总是可以从后继者的研究脉络中寻找到其思想光辉的世代延续,这就有必要对埃利希之后的法社会学脉络进行一下梳理,由此来总结一下活法思想在后世所历经的波折。同时,既然我们关注的点在埃利希这里,那么,对于他的所有思想之核,我们则不得不进行一下来源上的梳理。

科学主义思想渊源。从埃利希法社会学思想而言,他显然受到之前大量社会学家的影响。埃利希生存时代的科学主义倾向显然对他追求法学科学化有着深远的影响。虽然并没有太多的自然科学知识支撑,但埃利希已经意识到,要使法学得以充分地发展,科学方法的应用,尤其是新方法的大胆引入是必不可少的。应该说,埃利希有关于此的思想受到当时社会达尔文主义以及社会化理论的一定影响。

历史主义和文化人类学的影响。虽然埃利希对萨维尼和普赫塔的理论,尤其是关于习惯法的理论提出了大量的批判,指出了其中存在的三大错误。但是,埃利希自己有关法社会学理论的建构却基本上不能与法律研究的历史主义倾向割裂开来。在埃利希的理论中,也无处不充满着对历史法学派对法学发展所作出之伟大贡献的极力推崇。并且,回到社会这一基本的思路事实上也是历史法学派方法的直接引申。不过,埃利希将研究的对象扩张到了法律命题之外,扩展到了国家法或法典法之外,由此而脱离了法条主义的局限,将历史语境置换为现代历史语境,即社会语境,是埃利希对法学研究中历史主义的超越!同时,埃利希从个别中寻求真实的研究方式,显然受到文化人类学的启发,只不过他显然没有停留在观察的层面,而是在观察的基础上试图从经验中找寻出趋势性的应然。这种方法是否可行,多年之后仍广为人所争论,如拉德布鲁赫就认为,"经验中无法得出应然,应然只能是先验的,是无论多少次观察都无法找寻到的"①。但很显然,埃利希与同时代同国家的刑法学家李斯特的思路是一致的,即相信可以从个体中反复出现的、固定的内容中找出可能的应然,以此预测法的发展趋势。而正是在这个意义上,埃利希的法社会学思想虽然借鉴了文化人类学的方法,即经验性的观察之法,但却是有所超越的。因为,即便在方法上,他也要求不能停留下来,而应当为科学永远地开放。

同时,埃利希的法社会的理论构建从联合体开始,以最大的联合体,即以社会为终结,这一基本的理论脉络显然受到德国私法学家祁克理论的重大影响。事实上,祁克对埃利希理论的影响可以说是全方位的。他关于法源理论的论述,即关于法典学派不重视习惯法、判例法以及各种团体自治性条例和章程等多元法源的观点直接构成了埃利希对传统法源理论进行批判的基础。祁克私法研究中的团体人格论也支撑了埃利希社

① ［日］大木雅夫:《比较法》,范愉译,法律出版社2006年版,第98页。

会联合体的理论体系构建,使埃利希得以成功地形成一个由个体到家庭、部落……社会的复杂的联合体体系。祁克基于有机体的团体人格论不仅对德意志私法的发展影响巨大,而且构成了埃利希法社会学理论的骨架,直接为埃利希法社会学思想的理论走向提供了坚实的前提。因而,如果说哪个法学家对埃利希法哲学思想影响最大的话,那么,从埃利希的基本著作中而言,毫无疑问,不是耶林、不是杜尔凯姆、不是普赫塔、不是萨维尼……而是祁克。埃利希那句广为人引用的开头语,"如果一本书的全部思想应当可以用一句话表达的话,本书应是无论任何时候,法律的发展重心不在立法,不在法学,也不在司法判决,而在社会本身"①,这就深深印刻着祁克团体的理念思想以及多元论法源思想。

　　此外,埃利希法社会学思想中处处以经济为基本出发点,并时常试图明确地与社会主义划清界线。但实际上,他回答问题的方式,无论如何地对卡尔·马克思的社会主义理论充满敌意,都不能逃避这样一个事实:即他的每一次寻根溯源都无法脱离马克思主义经济决定论的理论框架。这与埃利希法社会学试图寻找一般性的应然也是一脉相承的,因而马克思关于法与社会的理论,尤其是经济决定论以及冲突论的观点对埃利希理论的影响是极为明显的。

三、永不消逝的影响

　　1922 年,埃利希永远地离开了这个世界,离开了他一直以

---

　　① ［奥]尤根·埃利希:《法律社会学基本原理(Fundamental Principles of the Sociology of Law)》,九州出版社 2007 年版,前言部分。

来企望却终于未能看到的世界和平。但他的法哲学思想之后却永久地活在这个世界,并以不同的模式继续书写着埃利希的秩序渴望之学。

即便在欧洲,埃利希法社会学思想虽然遭致韦伯的严厉批判,但却并没有阻碍埃利希法哲学思想的传播和影响,活法论的影响经过美国哈佛大学法学院院长庞德的介绍,终于跨洋横扫美国法学传统,以至于直到今天,我们仍然时刻可以看到活法的影子,能够看到埃利希思想的幽灵漂浮鸟瞰着这个法学界。

活法论对传统法源论的批判在庞德那里获得了新的解读。庞德在埃利希法哲学思想的基础上,应当时美国社会大环境的变迁之需,提出了书本上法和纸面上的法的法社会学研究范式。当然,这种范式的建构显然与普通法系法源传统紧密相关,因而很显然对埃利希法社会学思想有着一定的扭曲。这种扭曲在经过了百转千回传至中国之时,终于演变成了司法中心主义与社会中心主义,甚或是国家法和非国家法的二元对立理论,但是,显然埃利希并没有提到此类的对立。

庞德所提出的社会学法学的八点纲领中,有相当部分十分明显地印刻着埃利希法社会学思想的印记,比如对社会实效的研究,对个案的研究,对社会背景的重视,对预备立法进行社会学研究,等等。应该说,即使不是受埃利希一人思想的影响,但也是有着相当的传承。

由于庞德在美国法学界的地位,加之美国特定的社会历史背景,适应社会,而反传统形式主义的法学研究走上历史舞台,其中影响最大的就是上个世纪二三十年代的现实主义法学。

以弗兰克、卢埃林为代表的第一代法
律现实主义学者延续了庞德的书本上
的法与行动中的法的范式,关注于司
法过程之中的具体的生效规则,从而
对传统的法律观进行批判。而这一时
代的法律现实主义对之后的法社会学
思想产生了巨大的影响,兴起于上个
世纪 70 年代末的批判法律运动就是
这一脉法哲学思想的潮响。以昂格
尔、楚贝克、肯尼迪为代表的批判法律
运动,以及后期分裂出的女权主义和

罗斯科·庞德(1870—1964),美国 20 世纪著名法学家,曾任哈佛大学法学院院长。

种族主义法学无不在从社会中寻找法律的真谛,而这一切追根
溯源,都可以看到庞德的影子,看到埃利希社会本位经过变形
的法哲学思想。

　　正如我在第一章所指出的,埃利希活法论的思想经过不同
的解释,力图回复到其本来的样子。麦考利发起的新现实主义
法学反对司法中心主义的理念,追求上下贯通的和谐理想,事
实上是把本被庞德等人扭曲了埃利希法社会学思想回复原貌的
努力,只不过,在他们的理解中,埃利希的法社会学思想,依然是庞
德介绍的那个带有二元对立色彩的法社会学思想。

　　但在社会需要秩序之时,在我们渴望秩序之时,当社会的
失范使我们不能不重视社会本可自我调节的秩序之时,请不要
忘记,在曾经战火纷飞的年代中,埃利希早已经把法学家秩序的渴
望之需阐述得有条有理,并仍在影响着我们看待问题的方式。

参考文献

1. 何勤华:《20 世纪日本法学》,中国政法大学出版社 2004 年版。

2. 何勤华主编:《西方法律思想史》,上海大学出版社 2005 年版。

3. 张乃根:《西方法哲学史纲》,中国政法大学出版社 2002 年增补版。

4. 王振东:《现代西方法学流派》,中国人民大学出版社 2006 年版。

5. 朱景文:《法社会学》,中国人民大学出版社 2008 年版。

6. [日]大木雅夫:《比较法》,范愉译,法律出版社 2006 年版。

7. [美]萨格丽特·梅里:《诉讼的话语》,郭星华、王平、王晓蓓译,北京大学出版社 2007 年版。

8. [美]斯图尔特·麦考利:《新老现实主义:"今非昔比"》,范愉译,载《政法论坛》2006 年第 4 期。

9. [奥]尤根·埃利希:《法律社会学基本原理(Fundamental Principles of the Sociology of Law)》,九州出版社 2007 年版。

10. [德]托马斯·莱塞尔:《法社会学导论》,高旭军等译,上海人民出版社 2008 年版。

11. 尹宇蜜:《埃利希活法论研究》,湘潭大学法学院法理学 2006 届硕士研究生毕业论文。

12. 范愉:《新法律现实主义的勃兴与当代中国法学反思》,载《中国法学》2006 年第 4 期。

13. 何勤华:《埃利希和现代法社会学的诞生》,载《现代法学》1996 年第 3 期。

14. Mark Hertogh, "A 'European' Conception of Legal Consciousness: Rediscovering Eugen Ehrlich", (2004) 31. *Journal of Law and Society.*

15. K Alex Ziegert, A *Note on Eugen Ehrilich and the Production of Legal Knowledge*, (1998) 20. Sydney Law Review.

16. Roscoe Pound, *An Appreciation of Eugen Ehrlich*, (1922). 36. Harvard Law Review.

后　记

去年盛夏,有缘与徐爱国老师喝茶聊天,说及法社会学之流派,我颇振振有词,谈古论今,不知天高地厚,大有不惧苦累,挖掘新知之欲。徐师笑而相约,嘱我撰写埃利希法社会思想之研究,限时半年。我坦然应之,颇为踌躇,以为梳理人物思想,半年岂有不足之理,况我关注法社会之研究,对这些人物的基本思想还是有所把握的,自然未考虑难度问题。

但凡事情总是做起来难,我以为可凭关系拿到有关埃利希的各种研究成果以及原著来精读。事实证明,即便"马普"的同学也无法帮助我收集到一张埃利希的照片,国内有关埃利希法社会学思想的研究基本上属于简单介绍性质的,寥寥几页,无论怎样也不足以供我进行其思想的整理。至此,我方知作一个人物思想的研究如此之难。

不过,我基本上还是个契约主义者,答应的事情,无论怎么难,也要坚持做到。国内幸好有对照本的埃利希大部头著作,也有着大量的关于欧陆社会学,欧陆法社会学历史的介绍。从这些介绍中,从埃利希在哈佛法律评论上的文章中,我基本可以推知,埃氏的主体思想可以从《法律社会学基本原理》中推得,而其他的一些社会、历史等方法上的资料,则可以通过相关的文献找到,虽然少,但精读下来,对理解埃利希思想,至少说基本理清,已是足够。如此,我或可不负徐师之托。

过程之艰辛就暂且不表了,我一字一字地精读英文著作,几乎将那三卷本书给翻烂了,终于完成了这寥寥十多万字。好在,精读之后,对埃利希的法哲学思想,基本上形成了自己的看法,为比较而不得不翻阅的其他大量法社会学家的著作也使我越来越看到一个鲜活的埃利希:一个对生活充满渴望,对民间疾苦充满理解同情,却身不由己的埃利希;一个早就渴望上下贯通,在弱势国家不能为而寄希望于社会的埃利希;一个在历经有意无意扭曲型文字描述下,逐渐还原的埃利希。但这恰是真实的埃利希,或至少说是我理解的真实的埃利希,一个充满人文情怀的,而不是冷冰冰恶法法条主义的埃利希。

希望我的描述能够带给法学界一个全新的埃利希。但很显然的是,埃利希是秩序为先的,所希望的是动乱的去除,而不是没有规则,这方面,他的思想并非一些人所认识的那样,是法律虚无主义倾向的法的泛化,是自由主义的极度化。这方面,韦伯的批评有道理,但道理仅在于,他没有经历埃利希自出生以来所经历的不幸! 希望,以我一年之苦,可还法学巨匠一个真实的评价!

刘坤轮
2009 年 6 月